D1695041

Gedächtnis der Völker

Jürgen Wasim Frembgen

Am Schrein des roten Sufi

Fünf Tage und Nächte auf Pilgerfahrt in Pakistan

waldgut

Originalausgabe

Alle Rechte vorbehalten
© Waldgut Verlag und Autor
2008 Frauenfeld

Umschlagabbildung des nach Mekka fliegenden
Lal Schahbas Qalandar (Ausschnitt aus einem
pakistanischen Sufi-Poster, Inv.-Nr. 02-323596)
© Staatliches Museum für Völkerkunde München
Autorenfoto privat
Landkarte © Waldgut Verlag
Lektorat und Satz Dr. Monika Oertner
Gestaltung Atelier Bodoni, Frauenfeld
Druck und Einband
AZ Druck und Datentechnik GmbH, Kempten

ISBN 978-3-03740-389-1

Waldgut Verlag
Industriestraße 23
CH-8500 Frauenfeld
www.waldgut.ch

Inhalt

6   *Landkarte Pakistans*

7   Begegnung am Berg der Berauschten
13   Vorbereitungen in Lahore
23   Reise nach Sehwan Scharif
33   Ankunft in Sehwan
65   Der erste Tag
79   Der zweite Tag
101   Der dritte Tag
119   Der vierte Tag
139   Fünfter Tag und Rückreise

155   *Worterklärungen*

Landkarte Pakistans

Begegnung am Berg der Berauschten

Eine lang gestreckte Anhöhe, dicht bewachsen mit dornigem Strauchwerk, erhebt sich markant aus dem umgebenden Hügelland. Steile Ziegenpfade führen hinauf zum Grat. Von hier reicht der Blick weit nach Süden ins Potohar Plateau des Pandschab, des pakistanischen ‹Fünfstromlandes›, über das sich ein blasser, grau-blauer Winterhimmel spannt. Im Norden rahmt eine bewaldete Gebirgskette den Wallfahrtsort Nurpur mit dem großen Heiligenschrein von Barri Imam ein, dahinter liegen die Murree Hills und Kaschmir. Auf der Bergkuppe sind neben einem einfachen, aus Steinen und Zweigen errichteten Unterstand, der sich an einen Felsen anlehnt, schwarze und grüne Tuchfetzen an Äste geknotet. Sie weisen hin auf einen heiligen Ort am Fuße des Bergrückens, den die Derwische *Koh-e Mastan* – ‹Berg der Berauschten› – nennen. Hier lebt seit Jahren der Heilige Lala Dschi Sarkar. Wie sein Meister Lal Schahbas, der ‹rote Königsfalke› und berühmtester Exponent der Qalandar-Derwischbewegung in Pakistan, so trägt auch Lala Dschi nur rote Kleidung, denn Rot ist die Farbe der Liebesglut. ‹Qalandar› werden im Islam mystische Wanderer genannt, die der Welt entsagen und ganz von der Liebe zu Gott absorbiert leben. Sie sind freie, ungebunden vom religiösen Gesetz lebende Sufis, die sich augenfällig vom Establishment ihrer Gesellschaft abwenden.

Lala Dschi mag sechzig oder siebzig Jahre alt sein; seit einigen Jahren zieht er nicht mehr als wandernder Gottsucher umher, sondern sitzt wie ein Monument am Fuße seines grünen Berges. Die Knie bis zum Kinn hochgezogen, hockt er tagaus, tagein im Fersensitz, die langen grau-schwarzen Haare reichen ihm bis zu den Hüften. Seine Augen sind meist gerade nach vorn gerichtet, blicken in eine imaginäre Welt. Gelegentlich spricht er die Frommen an, die ihm dienen, ihn umsorgen und verehren. Er äußert sich dabei oft in Paradoxien, manchmal mit einem Lachen oder auch mit klaren Gesten und Anweisungen. Seit letztem Jahr schon ist der schmächtige Qalandar-Heilige inkontinent. Abwechselnd trägt ihn einer seiner Diener oder Anhänger auf dem Rücken zu einem gut fünfzig Meter entfernten Gebüsch und wieder zurück zu der an drei Seiten offenen Audienzhalle, die den Mittelpunkt des heiligen Areals bildet.

Koh-e Mastan, der Berg der Berauschten, ist für mich ein geografischer Ort der Erinnerung, und der Heilige dort ist ein Schlüssel zu meinem inneren Bildarchiv. Ende der 1980er-Jahre war ich Lala Dschi zum ersten Mal in Nurpur begegnet. Ich lernte ihn als Freund des Heiligen Mama Dschi aus Rawalpindi kennen, des ‹von der Gegenwart des Göttlichen verzückt Lebenden›, mit dessen kultischer Verehrung ich mich aus religionsethnologischer Sicht beschäftigte. Seitdem kam ich regelmäßig hierher zum Berg der Berauschten, erklomm die Anhöhe, hielt die eine oder andere Begebenheit in Notizbüchern fest und stieg schließlich hinunter, um Lala Dschi meinen Respekt zu erweisen. So oft wie möglich nahm ich an dem jährlich im Oktober hier stattfindenden Gedächtnisfest zu Ehren des Lal Schahbas Qalandar, des roten Sufi, teil.

Doch schließlich bekam ich die Gelegenheit, das ungleich größere Fest am Schrein dieses berühmtesten Qalandar-Heiligen über tausend Kilometer entfernt im Süden Pakistans zu besuchen. Seitdem bin ich wieder und wieder dorthin gereist. Meine Erfahrungen habe ich für dieses Buch vereint und verdichtet, wobei die Persönlichkeitsrechte einer Reihe von Menschen, die mir begegneten, durch die Verwendung von Pseudonymen geschützt wurden; andere haben mir ausdrücklich ihre Zustimmung zur Nennung ihrer Namen gegeben.

Meine erste Reise zum Schrein des roten Sufi in den Süden Pakistans sollte mich fünf Tage und Nächte lang in eine Welt des Archaischen, Magischen und Körperlichen führen, indem ich einen Islam kennenlernte, der von Vertrauen, Toleranz, Gemeinschaftsgefühl, Trance und rauschhafter Spiritualität geprägt ist, eine lebensfrohe Gegenkultur zur Freudlosigkeit strenggläubiger Muslime. Meine Reise nahm ihren Ausgang in der pakistanischen Großstadt Lahore, wo ich mich einer Pilgergruppe zum Grab des Qalandar-Heiligen anschloss und in das Netzwerk des Wanderderwischs Arif Sain eingebunden wurde, der mir in seinem Zelt Unterkunft gewähren sollte. Doch liegt der eigentliche Ausgangspunkt meiner Pilgerfahrt hier in der Wildnis am Berg der Berauschten. Daher muss ein Bericht über meine Erlebnisse am Schrein des roten Sufi hier beginnen, am Koh-e Mastan.

Es war Mitte Oktober 2002, ein Freitag, also jener Wochentag, an dem man die muslimischen Heiligen besucht. Ich wanderte von Nurpur aus durch die Felder, vorbei an einzelnen Bauerngehöften. Bereits von Weitem vernahm ich die ekstatischen Gesänge Nusrat Fateh Ali Chans, denn die Verstärkeranlage trug die große Stimme der mystischen Qawwali-Musik vom Koh-e Mastan bis zur Ortsgrenze von Nurpur.

Auf der Wand des Versammlungsgebäudes stand mit schwarzer Farbe der persische Spruch geschrieben: «Jeder, der bei Gott sein möchte, der setze sich in die Gegenwart der Freunde Allahs.» In der Halle daneben lag Lala Dschi lang ausgestreckt auf einer Matte, seinen Kopf auf eine Kissenrolle gestützt. Vier Frauen mittleren Alters saßen zu seiner Linken und massierten ihn simultan von den Füßen bis zum Oberschenkel. Der Heilige stöhnte und streckte sich vor Behagen. Ein Diener zu seiner Rechten reichte ihm Wasser und versorgte den Kettenraucher mit Zigaretten. Nach einer Weile fixierte mich Lala Dschi mit den Augen, ruckte mit dem Kopf kurz zur Seite, nach links oben, und befahl mit heiserer Stimme:

«Lies vor, was dort auf der Wand geschrieben steht: *qismat-wala, banta hai …*, weiter, lies vor!»

«Wem das Schicksal Gutes verheißt, der wird Gast des Qalandar sein!», trug ich laut auf Urdu vor.

«Also, worauf wartest du? Geh nach Sehwan Scharif zum Schrein des Qalandar! Qalandar Pak, ‹der Reine›, hat die Schale mit dem Wein der Liebe ausgetrunken, er trägt die Schlüssel zum Palast.» Und nach einer Pause fuhr er fort: «Ich werde ihm ins Haus der Ewigkeit folgen.»

Nach diesen Worten, einerseits klare Aufforderung, andererseits enigmatischer Hinweis auf Symbole der Sufi-Tradition (und darauf, dass Lala Dschi selbst den Wein des Einsseins genossen hatte), rief er laut – und alle Anwesenden stimmten ein: *«are mast, dast-ba-dast!* – Sei berauscht, die Hand beim göttlichen Freund!» Jeder Derwisch soll also seine Hand in die des großen Qalandar-Heiligen legen.

Eine der Frauen, eine ‹Malangni›, ein weiblicher Derwisch, die einen turbanähnlichen Kopfputz trug, fügte erklärend hinzu: «Weißt du, dass unser Derwischfeuer hier aus den Bergen Belutschistans gebracht wurde, aus dem Heiligtum von Lahut? Es kommt von Hasrat Ali, dem ‹Löwen Gottes›, der den Menschen das Feuer gebracht hat. Unser Feuer ist dann am Grab von Lal Schahbas Qalandar in Sehwan geweiht worden. Ein Diener von unserem Lala Dschi hat es zu Fuß hierher zum Koh-e Mastan getragen. Gehorch dem Befehl von Lala Dschi und folge der Stimme deines Herzens!»

Die Aufforderung Lala Dschis verunsicherte mich für einen Moment. Reiseentscheidungen pflegte ich doch lieber selbst zu treffen! Warum war mir der Gedanke einer Pilgerfahrt nach Sehwan nicht selbst gekommen? Seit mehr als zwanzig Jahren in Pakistan, dem Land der großen Sufi-Heiligen, reisend, hatte ich schrittweise eine Dekulturierung von der deutschen und eine Enkulturierung in die pakistanische Gesellschaft erfahren: Heraus aus dem westlichen Maulwurfsdasein und hinein in die emotionale Wärme und Lebensfülle des Ostens mit all ihren Unwägbarkeiten!

Jedes Jahr hatte ich für Wochen oder Monate Feldforschungen unternommen, um vor allem die lokalen Erscheinungsformen des Sufismus zu beschreiben und zu interpretieren, dieses tolerante und weiche Gesicht des Islam. Ich besuchte Heiligenschreine im Karakorum, in der Grenzprovinz des Nordwestens und im Pandschab, nie aber hatte ich eine Reise nach Sehwan zum Schrein des Qalandar ernsthaft in Erwägung gezogen. Die Provinz Sindh im Süden Pakistans mit ihrer Megalopolis Karatschi, einem brodelnden Kochtopf politischer, ethnischer und religiöser Spannungen, und ihrer Vielzahl an Grabdenkmälern islamischer Mystiker war allerdings eine lockende Herausforderung. Noch vor einigen Jahren wäre eine Forschungsreise höchst riskant gewesen: Zwischen 1984 und 1994 terrorisierten Banditen weite Teile des ländlichen Sindh, sodass sich die Menschen selbst in ihren eigenen Häusern nicht mehr sicher fühlen konnten. Auch die Hitze des Südens und meine Unkenntnis des dort überwiegend gesprochenen Sindhi hatten dazu beigetragen, dass ich nie bis nach Sehwan vorgedrungen war.

Die Netzwerke der Sufis und Derwische umspannen das ganze Land. Die Menschen in Pakistan sind – wie überall in der muslimischen Welt – unerhört mobil und kommunikativ: Ob Bauer oder Businessman, Mulla oder Sufi, man ist unterwegs, macht Geschäfte, pflegt Kontakte und Freundschaften. Pilgerfahrten sind fester Bestandteil dieser Kultur der Mobilität. Obwohl ich mich inzwischen gut zurechtfand, hatte ich doch manches noch nicht selbst erlebt und war wissbegierig hinsichtlich des Ausmaßes der Hingabe und Devotion der Gläubigen, ihrer intensiven Emotionen an den unzähligen Gräbern der ‹Gottesfreunde› im Pandschab und Sindh. Wie war eine Annäherung für mich möglich? Vielleicht tatsächlich am besten wie von Lala Dschi befohlen durch eine Reise zum Schrein des populärsten pakistanischen Sufi-Heiligen Lal Schahbas Qalandar (gestorben 1274), der gesagt haben soll: «Ich weiß nichts außer Liebe, Rausch und Ekstase!»

Jedes Jahr, vom achtzehnten bis zweiundzwanzigsten Tag des islamischen Monats Schaban, zwei Wochen vor Beginn des Fastenmonats, findet in Sehwan Scharif – wörtlich: ‹das edle Sehwan› – das größte aller Heiligenfeste Pakistans statt. Es heißt, dass zwischen fünfhunderttausend und einer Million Pilger aus allen Teilen des Landes an diesem Ort am Indus zwischen der Wüste Thar und dem Kirthar-Gebirge zusammenkommen. Für einen Ethnologen und Islamwissenschaftler kaum Gelegenheit für geordnetes Datensammeln und Tiefeninterviews, umso mehr aber für eigene dichte Teilnahme und Erfahrungen. Ausgehend von der Begegnung in der grünen Wildnis von Nurpur entwickelte sich in mir eine Vorstellung von rauschhaften Erlebnissen in der Menge der Gläubigen, von der Entdeckung eines neuen Gedächtnisortes, eines realen Ortes, der zu einem inneren Ort werden könnte. Sehwan Scharif war ein Wallfahrtsort wie Adschmer, Kerbela, Mekka, Medina, Maschhad, Tanta oder Touba, aber – nach allem, was ich bislang gehört hatte – ein besonders wilder und anarchischer. Und damit bot er mir auch die Gelegenheit, die Ethnografie eines außergewöhnlichen Ereignisses zu schreiben.

Als ich einem mir bekannten pakistanischen Universitätsprofessor bald darauf in Islamabad von meinem Reiseziel berichtete, meinte dieser abschätzig, dass doch nur dunkelhäutiger Pöbel nach Sehwan Scharif pilgere. Was ich denn dort wolle?

Aber der Stachel der Neugierde saß fest, und der Wissens- und Erlebnisdurst wollten gestillt sein. Das nächste Fest in Sehwan würde im kommenden Oktober stattfinden. Der Augenblick, in dem ich den Entschluss zu dieser Pilgerfahrt fasste, war wie die Vorfreude, einer geliebten Frau zu begegnen: fiebrige Erwartung, Leichtigkeit, ein Schweben.

Vorbereitungen in Lahore

Ende September bin ich zurück in Lahore. Die Metropole des Pandschab ist Ausgangspunkt für den größten Pilgerstrom nach Sehwan. Mit meinem Freund Aschfaq bin ich zum Tee in einem Hotel am Royal Park verabredet, um Einzelheiten der Reise zu besprechen. Er will mich seinem Bekannten Muhsin vorstellen, einem Polizeiinspektor, der ebenfalls in einigen Tagen nach Sehwan aufbrechen will.

Der ‹Royal Park› ist heute ein quirliges Büroviertel mit drei- und vierstöckigen Betonbauten, durchzogen von schmalen Straßen, verstopft mit Autos, Motorrädern und Schmutz, Teestuben, Shops, die *paan* verkaufen – grüne, mit zerstoßener Betelnuss gefüllte Blätter. Hier befinden sich auch die Freiluft-Ateliers der letzten *cinema billboard painters,* die auf waghalsigen Leitern riesige Leinwände mit den Helden und Heldinnen der pakistanischen Filmindustrie bemalen. Das Viertel liegt unweit des Lakschmi Tschowk, der großen Verkehrskreuzung, die wegen der Vielzahl ihrer Restaurants auch der ‹Magen von Lahore› genannt wird. Die Filmplakate, die den Royal Park wie eine Tapete überziehen, zeigen es an: In jedem Büro befindet sich eine Filmproduktion oder eine Grafikfirma. Hier ist der eigentliche Sitz von Lollywood, der kleinen Schwester Bollywoods. Doch während das indische Unterhaltungskino in Bombay boomt, scheint der pakistanische Film in Lahore dem Untergang geweiht. Vorbei die Zeiten, als die berühmte Sängerin Madame Nur Dschahan, die Schauspielerin Sangeeta oder der Film-Macho Sultan Rahi im Royal Park flanierten, in dem es damals noch Bäume gab. Heute werden die Kinos um die Ecke, an der Abbott Road, McLeod Road und Beadon Road kaum noch besucht; man holt sich das gewünschte Entertainment einfach per Satellitenschüssel ins Wohnzimmer. Unverändert lebendig ist hingegen die einhellige Liebe der Filmproduzenten, Schauspieler, Tänzerinnen, Sänger und Künstler zu Lal Schahbas Qalandar.

Das *Three Star Hotel* entpuppt sich als ein Wandschrank in einer Mauernische, der sich zu einer kleinen Plattform an der Straßenseite öffnet. Die beiden in blauer Farbe gestrichenen Schrankflügel enthalten Regale mit Teetassen. Davor steht der Teekoch an einer Anrichte und offeriert vorzüglichen Tee: Im Angebot sind zwei Sorten mit einem Preisunterschied von einer Rupie – normaler Milchtee und *duudpatti*, in reiner dicker Büffelmilch aufgekochter pulverisierter Tee. Neben der Anrichte stehen blaue Plastikbehälter mit Wasser, Schüsseln zum Geschirrwaschen sowie eine Gasflasche, davor drei hölzerne Sitzbänke für die ‹Hotelgäste.› Die Oberflächen der Bänke sind dunkelbraun patiniert, die Kanten von vielen Berührungen weich abgerundet. Das *Three Star* ist ein typisches *khoka*, ein Teeausschank auf engstem Raum, der vollmundig ‹Hotel› genannt wird. Am obersten Schrankregal hängt ein gerahmtes Foto von Pir Harun Raschid aus Mohra Scharif in den Bergen nördlich der Hauptstadt, einem lebenden Sufi-Meister des Naqschbandi-Ordens. Die Naqschis bilden eine gesetzestreue Bruderschaft, Musik und Tanz sind ihnen ein Gräuel, nie würden sie nach Sehwan gehen und sich unter die berauschten Anhänger des Qalandar-Heiligen mischen.

Es ist Abend, das *Three Star* wird vor allem von Motorrikscha-Fahrern frequentiert, die ihre dreirädrigen Gefährte unmittelbar neben der Plattform parken. Der Boden ist daher schmierig und riecht nach Motoröl. An den Rikschas finden sich deutliche Zeichen, die auf Lal Schahbas Qalandar hinweisen: Inschriften mit religiösen Formeln, die ihn rühmen, Klebebilder, die ihn als Tänzer in Trance zeigen, bunte Wollschnüre, die an seinem Grabmal gesegnet wurden. Diese Devotionalien schützen das Gefährt und sind zudem Werbung für den Heiligenkult um den Qalandar. Viele Fahrer brechen regelmäßig zur Pilgerfahrt nach Sehwan auf, manche bereits seit ihrer Kindheit.

Aschfaq und sein Freund Muhsin scheinen sich zu verspäten, in der Rush Hour einer Acht- bis Zehnmillionenstadt nicht weiter

verwunderlich. Schräg gegenüber von mir hockt – in einem Hauseingang neben dem *Three Star* – ein ganz in schwarz gekleideter Wanderderwisch, ein ‹Malang›, mit langen, leicht angegrauten Haaren und kürzerem Vollbart. Sein Gesicht ist schmal und fein geschnitten. Alt kann er noch nicht sein, vielleicht in den Dreißigern. Um den Hals trägt er eine kleine, aus Metall geschnittene Hand mit Inschriften, das Symbol des Märtyrers Abbas. Diesem schiitischen Heiligen wurden der Überlieferung nach in der Schlacht von Kerbela beide Hände abgeschlagen, als er aus dem Euphrat Wasser für die dürstenden Kinder seines Halbbruders, des Prophetenenkels Hussain, holen wollte. Dem Malang entgeht mein eingehender Blick nicht, und er sieht mich ebenfalls an. «*As-salaam aleikum, Sahib!*», grüße ich ihn und bitte ihn mit einer Handbewegung zu mir. «Setzen Sie sich zu mir, trinken wir Tee!» Er lächelt kurz, kommt herüber und nimmt neben mir auf der wackligen Holzbank Platz. Wir beginnen zu plaudern, in Urdu – meine Kenntnisse in Pandschabi sind noch unzureichend. Nachdem ich ihm das eine oder andere über mich erzählt habe, frage ich ihn, wann und wie er den Weg der Sufis eingeschlagen habe. Chisr, so lautet sein Derwischname, sieht mir ins Gesicht:
«*Thik-hai, Wasiim-Sahib!* – In Ordnung, Herr Wasim.» Er hält kurz inne und neigt den Kopf etwas zur Seite. «Wollen Sie das wirklich wissen? Ich bin auf dem Land aufgewachsen, in einem Dorf bei Narowal. Mein Vater ist ein sunnitischer Geistlicher, ein Maulvi, sehr, sehr streng, eigentlich ein Wahhabi wie die Muslime in Saudi-Arabien. Musik durfte man nicht hören, sonst gab es Prügel. Irgendwann, ich war siebzehn oder so, konnte ich es nicht mehr aushalten. Ich ging weg, nach Lahore. Natürlich hatte ich kein Geld, schlief in einer Moschee und fegte dort den Boden: Ich arbeitete als Moscheediener. Hat nicht unser Imam Ali gesagt: ‹Derjenige, der eine Moschee aufsucht, wird einer der acht göttlichen Segnungen teilhaftig?› Und da ich die meiste Zeit in der Moschee war, hat mir dies Glück gebracht.»

«*Garma garam tschay* – ganz heißer Tee!», verkündet der Koch des *Three Star*. Dampfender Milchtee wird serviert, Chisr schüttet ihn langsam zur Abkühlung in die Untertasse und schlürft ihn daraus.

«Als ich Nacht für Nacht in der Moschee schlief, waren die Fledermäuse meine einzigen Begleiter. Da musste ich an die Verse des Dichters Waris Schah denken, der sagt: ‹Ist nicht die Fledermaus, die bei Nacht durch die Gebetshalle schwirrt, das Gläubigste aller Geschöpfe?› Denn es heißt doch: ‹In der Moschee findet der Fromme zu Gott.› So hoffte auch ich Allah zu finden.»

«Sie sind wie ein Derwisch gekleidet, mit Fingerringen und Halsketten», entgegne ich, «nur tragen Sie schwarze Kleidung, das verwirrt mich etwas, ist dies nicht ein Zeichen der Schia?»

Chisr nimmt ein Streichholz und entfernt damit die Haut, die sich inzwischen auf dem heißen Tee gebildet hat. «Ich hab dieses Zeug nie gemocht, und manche bestellen es extra!»

Dann zündet er sich eine der More-Zigaretten an, die ich ihm mit den Worten «*Take one more!*» anbiete – zugegeben ein stereotyper Scherz, aber Chisr lächelt: «*Thanda hai* – der Rauch ist kühl.»

«Ja, das macht der Minzgeschmack.»

Ernst sieht mich Chisr an, sein Blick ist prüfend: «Sie können sich nicht vorstellen, wie brutal mein Vater war. Einmal besuchte ich gemeinsam mit Freunden ein Kino in Narowal, ach, ein wunderbarer Film mit der lieblichen Poonam Dhillon in der Hauptrolle. Als ich in der Nacht zurückkam, erwartete mich mein Vater im Hof unseres Hauses, beschimpfte mich und schlug mich fürchterlich zusammen. Schande würde ich über ihn bringen, brüllte er. Er schloss mich drei Tage lang in ein Zimmer ein. Nichts konnte man ihm recht machen. Meine jüngeren Brüder bevorzugte er, die gingen auch brav in eine Koranschule. Ich hatte mich geweigert. Jedenfalls war es nicht auszuhalten. Ich hasse ihn – deshalb bin ich jetzt Schiit!»

Diese Geschichte war wirklich außergewöhnlich: Konversionen innerhalb einer Familie sind eigentlich nicht vorgesehen; es gibt zwar Ehen zwischen den Glaubensgemeinschaften der Sunniten und Schiiten oder Zwölfer-Schiiten und Ismailiten, aber dies kommt äußerst selten vor. In der Regel wechselt in einem solchen Fall die Frau ihr religiöses Bekenntnis. Bei Chisr war der Grund offensichtlich jedoch ein tiefer Vater-Sohn-Konflikt. Wie aber bekehrt sich ein Sunni zur Schia?

«Erzählen Sie weiter», dränge ich ihn.

«In Lahore hatte ich damals im Umkreis der Moschee einige Freunde; einer arbeitete in einem Teeausschank wie diesem hier, ein anderer machte Fotos für Touristen an der Badschahi-Moschee, der dritte schob einen Handkarren und verkaufte Eis. Jedenfalls sparten sie alle ihr weniges Geld für die jährliche Wallfahrt nach Sehwan Scharif, zum Grab des ‹Roten Falken›. Sie schwärmten von der *mela*, dem Fest, und luden mich ein mitzukommen. Da war ich so Anfang zwanzig, als ich zum ersten Mal mitfuhr. Ich bin dann gar nicht mehr zurück nach Lahore, sondern blieb fünf Monate in Sehwan. Es war *masti*, ‹purer Rausch›, und ich blieb bei den Derwischen. Der Qalandar wurde mein Vater und die Malangs meine Brüder. Da habe ich wirklich erst erfahren, was ‹Islam› bedeutet: völlige Hingabe an Gott, bis das eigene Herz sanft und weich wird.»

«Seitdem ziehen Sie wohl von einer *mela* zur anderen? Aber bitte noch einmal: Wie sind Sie denn Anhänger der Schia geworden?», insistiere ich.

«Ah, wir sind eine große Qalandar-Familie, egal wo ich hinwandere – Pandschab, Sindh, Kaschmir oder in die Grenzprovinz – wo auch immer, ich finde meine Freunde, ein Herdfeuer ist da, Essen und ein Platz zum Verweilen. Kennen Sie nicht den Spruch ‹*Saachi Schahbaas Qalandar! Ali da pehla nambar* – Großherziger Königsfalke Qalandar! Mit Ali beginnt alles, er ist die Nummer eins›? Es war ganz selbstverständlich, dass ich begann, Ali und die übrigen heiligen Imame der Schia zu verehren.»

Tatsächlich fungiert die Gemeinschaft der Derwische um den großen Qalandar-Heiligen, die mit ihrer Brüderlichkeit eine Familie ersetzen kann, als soziales Netzwerk. Die trunkene Liebe zu Lal Schahbas Qalandar und zu Ali, dem Vetter des Propheten, dient als emotionaler Anker. Welch ein freies, ungebundenes Leben für diesen Malang!

Als überkomme ihn plötzlich das Gefühl, zu viel Persönliches erzählt zu haben, verabschiedet sich Chisr hastig, mit einem kurzen Gruß und der verblüffend klaren Ankündigung, dass wir uns *Inschallah* – So Gott will! – in Sehwan wiedersehen würden.

Inzwischen hat es zu tröpfeln begonnen, zunächst noch ein poetisches *rim, dschim – rim, dschim* auf dem vorgezogenen Blechdach des *Three Star* und in veränderter Tonhöhe auf dem ausgedörrten Boden der Seitenstraße. Vom nahen Lakschmi Tschowk dringt der tosende Lärm des abendlichen Verkehrs herüber, zwei große, vierspurige Straßen kreuzen sich hier. Schnell jedoch werden die Tropfen größer und schwerer und übertönen selbst die brummenden Dieselaggregate, die Hupen und quietschenden Bremsen. Das sanfte Nieseln wird in Minutenschnelle zu prasselndem Schlagwerk.

Eilig werden die Bänke zusammengerückt, Bewegung kommt in die Besucher des *Three Star,* manche springen flugs in eine Rikscha, neu Ankommende flüchten, bereits durchnässt, unter das Dach. Ein wohliger Ort der Beobachtung für die verbliebenen Gäste. Der Monsun ist längst vorbei, der September gilt eigentlich als trockener Monat. Die Teetrinker diskutieren den Wandel des Klimas in den vergangenen Jahren: Die Sommer werden immer heißer, besonders unerträglich ist es im April, Mai und Juni; dann fallen selbst die Fliegen tot von den Wänden. Manchmal regnet es zu viel, wie im letzten Jahr, als sich Karatschi in einen großen Swimming Pool verwandelte, meist aber zu wenig. Daher strahlen nun die Gesichter: *Rahmat hai!* – Der Regen ist ein Segen!

Rikschas pflügen sich ihren Weg durch das Wasser. *Overflow,* Überflutung, komme öfter vor, meint der Teetrinker neben mir. Die Abflusskanäle seien notorisch verstopft, eine organisierte Reinigung, *maintenance,* gebe es eben nicht und sobald ein Wasserrohr breche, stehe ein Stadtviertel tagelang unter Wasser. In Lahore braucht man jedenfalls Geduld, um von einem Punkt zum anderen zu gelangen, auch dann, wenn es nicht regnet. Nach einer weiteren Tasse dampfenden Milchtees hält schließlich eine Rikscha dicht an der erhöhten Plattform, dem Landungssteg des *Three Star.* Der Fahrer öffnet die hintere Klapptür und Aschfaq steigt aus, hinter ihm zwängt sich Inspektor Muhsin aus der engen Kabine – sein Gesicht kommt mir irgendwie bekannt vor. Dreimal hätten sie die Rikscha wechseln müssen, erzählen sie, ein Fahrer habe sich wegen des Regens geweigert, in Richtung des überfluteten Lakschmi Tschowk zu fahren, bei einem anderen Gefährt habe schließlich der Motor gestreikt. Staus und Chaos würden die ganze Stadt durchziehen.

Koi baat nahin – das macht nichts, denke ich, denn jetzt sitzen wir ja zusammen.

«Tut mir leid, dass du warten musstest», entschuldigt sich Aschfaq mit seiner angenehmen, tiefen Stimme, «ich weiß, du bist ein *ibn ul-waqt,* ein pünktlicher ‹Sohn der Zeit›, aber in Pakistan passiert dieses und jenes. Du hast die Uhr – wir haben die Zeit.»

Aschfaq Chan – groß gewachsen, sein Vollbart kurz und gepflegt – trägt die einheimische Kleidung mit weiten Hosen und einem lange herabfallenden Hemd, dazu eine dunkelrote afghanische Kappe. Seine Augen sind wach und aufmerksam; mitunter scheint er nach innen gekehrt, dann umspielt ein kaum merkliches Lächeln seinen Mund. Aschfaq wurde in eine Familie von Gelehrten, Sufis und Heilern in Peschawar nahe der afghanischen Grenze hineingeboren, seine Mutter stammt jedoch aus dem Pandschab. Heimgekehrt von seinen Wanderjahren in Europa in den wilden Zeiten nach 1968, ließ sich Aschfaq als homöopathischer Arzt in Lahore nieder; seine besondere Liebe gilt jedoch der Musik und den Sufi-Heiligen. Auf gemeinsamen Fahrten zu Heiligenfesten konnte ich erleben, mit welchem Respekt ihm Musiker, Sufis und Wallfahrer begegnen. Aschfaq ist eine charismatische Persönlichkeit und steckt noch dazu voller Witz, Schlagfertigkeit und kritischem Geist. Ich freue mich sehr, ihn wiederzusehen.

«Arif Sain habe ich wegen deines Besuches Bescheid gegeben. Er wird dich in Sehwan in sein Zelt aufnehmen. Du hast ihn in Lahore ja schon einmal kennengelernt. Er ist ein echter Fakir, er lebt das Sufi-Ideal der Armut wie kaum jemand sonst, den ich kenne. Nicht nur äußerlich – Besitz und materielle Dinge bedeuten ihm wirklich nichts, nie bittet er um Geld. Manchmal gebe ich ihm trotzdem etwas, wenn er Vorräte für eine Wallfahrt benötigt. Gott hat Sain-dschi aus der Quelle der Erkenntnis trinken lassen. Er lebt im Reichtum Gottes. ‹Wenn die Armut vollkommen wird, ist es Gott›, heißt es auf Arabisch. Denk hingegen nur an all die Geldgierigen und Machtbesessenen, die wie Könige an den Heiligenschreinen ihrer Vorväter residieren!»

«Meinst du die Scheiche und *piirs*, die als Sufi-Meister das Charisma früherer Heiliger quasi geerbt haben und im Grunde nur ein Amt verwalten?»

«Du sagst es! Hat nur einer von ihnen das Ideal der Armut verwirklicht?», erregt sich Aschfaq.

«Nun, zumindest habe ich einige kennengelernt, die Gutes tun und für ihre Anhänger sorgen. Denke doch an *piir* Mehr Ali Schah, an Sinda *piir* oder *piir* Naqib ur-Rehman!»

«Wasim, das sind Ausnahmen. Mach dir selbst ein Bild, bleib ein paar Tage bei Sain-dschi in Sehwan, und du wirst den Unterschied feststellen!»

«Ich habe vor, so wenig Gepäck wie möglich mitzunehmen, nur eine kleine Reisetasche, die ich über die Schulter hängen kann. Wie wird das Wetter dort unten sein?»

«Als ich Arif Sain letztes Jahr nach Sehwan begleitete, war es dort nachts unglaublich kalt, du weißt, die Gegend ist wüstenartig und die nahen Gebirgszüge gehören schon zu Belutschistan. Meine Finger waren fast erfroren und kaum zu bewegen, jedenfalls konnte ich die Verschnürung meines Schlafsacks nicht öffnen – hab sie dann mit dem Messer aufschneiden müssen!»

«Wenigstens wird das Fest, die *mela,* dieses Jahr zehn Tage früher beginnen», werfe ich ein.

«Richtig, aber ich gebe dir trotzdem noch eine warme Decke mit, die brauchst du zusätzlich zu deinem Schlafsack. Ich wäre gerne mit dabei, aber wegen meiner Nierensteine kann ich das nicht riskieren. *Inspector-Sahib* wird dich begleiten.»

Aschfaq nimmt die Hand seines Freundes. «Mit Muhsin-*bhai* – Bruder Muhsin – hast du den besten Führer. Er geht fast jedes Jahr nach Sehwan, er kennt sich gut aus. Die Züge und Busse nach Hyderabad und Sehwan sind zwar seit Tagen ausgebucht, aber er wird etwas arrangieren. Mach dir keine Sorgen! Hier hast du für alle Fälle noch eine Skizze, auf der der Ort, wo Arif Sains Zelt stehen wird, eingezeichnet ist. Er richtet sein *dera,* seinen Wohnplatz, jedes Jahr an der gleichen Stelle her, direkt unterhalb der alten Festung von Alexander dem Großen. Du kannst Sain-dschi vollkommen vertrauen.»

Muhsin – sein Name bedeutet ‹Wohltäter› – ist ein aufgeschlossener, engagierter Mann, etwa Ende dreißig, ein passables Englisch sprechend. Von Aschfaq hatte ich zuvor erfahren, dass Muhsin im Polizeidepartment erhebliche Schwierigkeiten hat, da er sich nicht bestechen lässt und manchen Kollegen daher im Weg steht. Schon einmal hatte man ihn unter einem Vorwand aus dem Dienst entfernt, später dann wieder eingestellt. Wie wir uns jetzt gemeinsam erinnerten, kannten wir uns flüchtig von einem Heiligenfest im vergangenen Jahr in der Salt Range. Bei der gewöhnlich von den Nachkommen des Heiligen organisierten ‹Freiküche› nehmen die Pilger nebeneinander – aufgereiht wie die Perlen einer Gebetskette – zu beiden Seiten eines langen, auf dem Boden ausgebreiteten Tuches Platz, auf das die Speisen gestellt werden. Bei einem solchen Essen hatten wir uns damals gegenübergesessen.

Anregende Düfte von Kebab und anderem Gegrilltem und Gebratenem wehen vom ‹Magen von Lahore› herüber. Der Lakschmi Tschowk erwacht, man hört das *takatak* und *taktaka* der Beile, mit denen die Hammel- und Stierhoden auf den Eisenblechen zerhackt werden.

«Hört sich dieser Sound nicht an wie das Klacken der Feuerzange, die die Derwische als Musikinstrument benutzen?», scherzt Aschfaq.

Wir beratschlagen, was wir essen wollen. Wäre *tschiken tikka*, gegrilltes Hühnchen, eine gute Wahl oder doch die Hoden, für die sich Muhsin erwärmt? Aschfaq hat schließlich den besten Einfall – *haliim!* Schon beim Klang des Wortes läuft mir das Wasser im Munde zusammen. Verschiedene Sorten von Linsen werden die ganze Nacht über mit Rindfleisch, Weizenkörnern, Reis, Zwiebeln und Gewürzen zusammengekocht, bis am Morgen ein dickflüssiger Brei entstanden ist, der mit Brot gegessen wird. Also fahren wir die kurze Strecke zum Gowalmandi, einem traditionellen Altstadtviertel, wo es unweit der inzwischen berühmten Food Street ein Restaurant mit dem besten *haliim* der Stadt gibt. Eine Wohltat Allahs!

«Das *haliim* ist wirklich gut», nickt Aschfaq, als wir behaglich beim Essen sitzen. «Zumindest haben sie es nicht mit Baumwolle gestreckt.»

«Das wäre wohl auch zu teuer», lacht Muhsin.

Für den übernächsten Tag vereinbaren Muhsin und ich einen Treffpunkt vor dem Hauptbahnhof von Lahore.

Reise nach Sehwan Scharif

Der Regen hat die Stadt nur für kurze Zeit gereinigt. Heute ist die Luft wieder dampfend, voller Ruß und Abgase. Nach dem Frühstück gehe ich, die Reisetasche über der Schulter, die wenigen Schritte von meinem Apartment (das ich im Zuge einer Gastprofessur am National College of Arts bezogen habe) zum Rikscha-Stand an der Ecke. Die Straße zwischen dem College Hostel und Krischannagar wird viel befahren, daher gibt es an den Kreuzungen feste Haltepunkte für Rikschas. Einer der Fahrer grüßt freundlich und fragt ohne Umschweife, ob auch ich nach Sehwan aufbreche, die halbe Stadt sei im Aufbruch. Auf der Rückseite seiner Rikscha steht der Spruch: «*Dar-mat meri dschaan!* – Hab keine Angst, mein Lieber!» Wie tröstlich. Wir quälen uns durch den Morgenverkehr zunächst in Richtung des alten Stadtviertels Mosang, dann kreuzen wir die Mall Road. Seit Monaten dürfen Motorrikschas diese vierspurige Prachtstraße aus der Kolonialzeit per Polizeidekret nicht mehr befahren, nur noch an Kreuzungen überqueren. Es heißt, sie würden den Verkehr verlangsamen und behindern. Die Fahrer fluchen wegen der Umwege und Staus, und die Fahrgäste ärgern sich über Zeitverlust und Mehrkosten. Ähnliches geschah in den fünfziger Jahren, als man die zweirädrigen Pferdekutschen tagsüber auf der Mall verboten hat. Das Ende einer Ära der Langsamkeit und gelasseneren Lebensart.

Über die McLeod Road und den Lakschmi Tschowk erreichen wir schließlich die Railway Station, in Lahore nur *steschn – station* – genannt; ein langgestreckter, festungsartiger Ziegelbau mit Türmen und Bastionen, der im Jahre 1860 fertiggestellt wurde. In der Kolonialzeit, die für Lahore 1849 mit der Eroberung des Pandschab durch die Briten begonnen hatte, war dieser Bahnhof das wichtigste Scharnier, das die Metropole nach Osten hin mit dem ebenfalls im Pandschab gelegenen Amritsar und weiter mit Delhi, Bombay und Kalkutta verband, sowie im Nordwesten mit Peschawar und im Süden mit Karatschi. Während des zweiten anglo-afghanischen Krieges im Jahre 1878, als Großbritannien von Indien aus zum zweiten Mal Anlauf nahm, Afghanistan zu besetzen, passierten die *steschn* bis zu fünfundsiebzig Züge pro Tag, um die britisch-indische Armee mit Nachschub zu versorgen.

Muhsin erwartet mich bereits vor dem Haupteingang, mit gerunzelter Stirn kommt er auf mich zu: «*As-salaam aleikum, Wasiim Sahib,* gestern erhielt ich einen wichtigen Anruf von meinem Boss. Ich werde hier in Lahore bleiben müssen. In den nächsten Tagen ist eine Razzia in der Unterwelt angesetzt. *I am on patrol duty.*» Er lacht: «Sie wissen doch, ich gehöre zu einer Polizeieinheit, die immer unterwegs ist. Aber kein Problem, mein Bruder wird Sie begleiten. Ich besorge euch jetzt Tickets!»

Mudschtaba ist Muhsins jüngerer Bruder, etwa Anfang dreißig, gut gelaunt, mit freundlichen Augen, sein rechtes flackert des Öfteren – im Pandschab ein gutes Omen, wenn es sich nicht um das linke Auge handelt. Er arbeitet als Kostümschneider in einem Lahorer Filmstudio. Seit seiner Jugend war er jedes Jahr bei der *mela* in Sehwan. Wir unterhalten uns in Urdu. Wie ich später feststelle, beschränkt sich sein englischer Sprachschatz weitgehend auf die von eifrigem Kopfnicken begleiteten Worte *yes, yes* und auf sein Zauberwort *easy,* das er mit wiegenden Bewegungen seines Kopfes und seiner Hände begleitet. Mudschtaba erklärt mir, dass Muhsin die Fahrkarten von einem Gepäckträger kaufe. Diese hielten immer ein Kontingent an Tickets zurück, um sie schließlich in letzter Minute zu höheren Preisen an Pilger verkaufen zu können.

Auf dem Platz vor dem Bahnhof sammeln sich Tausende von Menschen, Männer vor allem, aber auch Frauen und Kinder, mit zusammengerolltem Bettzeug, Kochtöpfen und weiterem Gepäck, in Tüchern verschnürt. Schafe und Ziegen, die für die Freiküche in Sehwan bestimmt sind, werden an Seilen festgehalten. Die Wallfahrer – die *Saayeriin* – haben rote Fahnen dabei, auf denen der Schriftzug *dschhuule Laal* gestickt ist. Dies heißt wörtlich ‹O du Roter, der sich wiegt› (wie ein Kind in der Wiege), und ist ein zärtlicher Kosename für den großen Qalandar-Heiligen Lal Schahbas. *Lal,* gesprochen *laal,* bedeutet eigentlich ‹Rubin›, davon ist die Farbbezeichnung abgeleitet. Viele kleiden sich in Rot oder Grün, haben rote Turbane um ihren Kopf gewunden und rote Bänder um Stirn und Arme gebunden, andere tragen schwarze Wimpel. Die Farben und die Accessoires der Kleidung sind Bedeutungsträger: Grün ist die Symbolfarbe des Islam, schwarz die der Schia und rot die des Qalandar-Heiligen, des ‹Roten Falken›, dessen Grabschrein in Sehwan Ziel des allgemeinen Aufbruchs ist. Auch ich trage die praktische einheimische Kleidung mit weiten Hosen und langem, bis über die Knie herabfallendem Hemd – beides in hellblauer Farbe, dazu eine dunkelblaue Kappe, wie in Teilen des nördlichen Pandschabs üblich.

Nach einer Weile kommt Muhsin mit Fahrkarten für den Allama Iqbal Express zurück, der gegen Mittag nach Hyderabad abfahren soll. Dort werden wir umsteigen und einen Bus nach Sehwan nehmen. Die direkten Zugverbindungen zwischen Lahore und Sehwan, der *Qalandar Special* und der *Schahbas Express,* sind längst ausgebucht.

Es bleibt uns noch genügend Zeit, uns im Bahnhof umzusehen. Vorhalle und Bahnsteige sind erfüllt von rhythmischem Trommeln und Rasseln, den Rufen fliegender Händler und flirrenden Stimmen. Man sieht Wanderderwische, langhaarig oder bis auf eine Locke kahl geschoren, mit fantastisch vielfältigem Halsschmuck und mehreren Ringen an jedem Finger ihrer Hand. Ein rot gekleideter Derwisch mit schulterlangen Haaren trägt um den Hals eine überlange Gebetskette mit Tausenden von Holzperlen. Im Menschengewühl fallen grell geschminkte Hidschras auf – Angehörige des ‹Dritten Geschlechts›: Als Mann geboren suchen sie die Anähnelung an das Weibliche. Es sind Schwellenpersönlichkeiten, in deren männlichen Körpern die Seele einer Frau gefangen ist. Meist handelt es um sich Transsexuelle oder

Transvestiten, aber auch rituell Kastrierte und als Hermaphrodi-
ten Geborene sind darunter, die innerhalb der Hidschra-Kaste
besonders geachtet werden. Die Hidschras in der *steschn* ziehen
die Blicke der Männer magisch an.

Auf Bahnsteig Nummer sieben begrüßen wir die Trommler
Pappu Sain und Dschhura Sain, die ich über Aschfaq kennengelernt hatte. Sie spielen jede Woche in der Nacht von Donnerstag
auf Freitag am Schrein von Baba Schah Dschamal in Lahore
Trancerhythmen auf der *dhol* – einer schweren, zweifelligen Fass-
trommel, die aus dem Holz des Mango-Baumes geschnitzt ist. Sie
wird quer umgehängt und im Stehen gespielt, mit leicht geboge-
nen Schlägeln, manchmal auch mit den Händen. Diese Perfor-
mances und das eindrucksvolle Auftreten Pappus haben das Duo
weit über Lahore hinaus zu nationalen Berühmtheiten gemacht.
Sie sind keine einfachen Dholis, sondern gehören inzwischen zu
den *yellow-cab-dhol-walas*, den arrivierten Trommlern, die es sich
leisten können, sich in einem der gelben Taxis zu Auftritten chauf-
fieren zu lassen. Wenn die Zeit der Sehwan-*mela* kommt, reisen
die meisten *dhol*-Spieler des Pandschab nach Süden in den Sindh,
um daran teilzunehmen. Neben guten Verdienstmöglichkeiten
bringt es ihnen Ehre und Prestige, dort zu spielen.

Bei der Einfahrt des Zuges stürmt Mudschtaba vor. «*Dschaldi,
dschaldi, bahut rush hai* – schnell, schnell, es gibt ein großes Gedränge», ruft er, und ich bemühe mich, eng hinter ihm zu bleiben.
Eilig besetzen wir unsere Plätze und sehen von dort aus dem Treiben auf dem Bahnsteig zu. Direkt vor uns wird *dhamaal* gespielt,
ekstatische Musik mit Trommel und Rassel, offenbar zu Ehren
eines jungen, ganz in Schwarz gekleideten heiligen Mannes, eines
Sain-dschi, der auf dem Bahnsteig in einem Lehnstuhl sitzt und
dem von einem Diener Luft zugefächelt wird. Anhänger halten
ein gerahmtes Foto über ihren Köpfen, das ihn gemeinsam mit
dem hoch betagten ‹schweigenden› Heiligen Tschup Sain Baba
zeigt, der inzwischen verstorben ist. Mudschtaba erklärt mir, dass

der langhaarige Sain-dschi der Schüler des schweigenden Heiligen sei, dessen Schrein am Ufer des Ravi-Flusses liege. *Tschup* bedeutet: ‹Sei leise!› Offenbar hatte der Heilige ein Schweigegelübde abgelegt, um sich nur noch der Kontemplation in Allah zu widmen. Seit Jahrhunderten gehen manche Sufis davon aus, dass Sprechen bereits den ‹Spiegel des Herzens› beflecke und seine Reinheit beeinträchtige. Nur ständiges schweigendes Gottgedenken könne letztlich verhindern, dass sich durch schlechte Gedanken und Taten auf diesem (Metall-) Spiegel Rost bilde. So rezitieren die Sufis die schönen Namen Gottes und polieren auf diese Weise den Spiegel ihres Herzens. Ich frage mich, ob diese Bilder der Sufi-Sprache Tschup Sain geläufig waren, oder ob er unbewusst dieser Sufi-Praxis folgte. Ein wenig von seinem Charisma scheint jedenfalls auf seinen jungen Adepten übergegangen zu sein, der einzelnen Pilgern ein kleines Foto von Tschup Sain an die Brust heftet – Segnung und Werbung für den Kult zugleich.

Als sich mittags der *Allama Iqbal Express* in Bewegung setzt, befestigen die Pilger in ihrer enthusiastischen Vorfreude auf das Fest außen an den Fenstern rote Fahnen, Stoffbanner mit dem Schriftzug «Karawane des großherzigen Schahbas Qalandar» und Poster mit imaginären Darstellungen des Heiligen. Der Zug kocht förmlich über vor lautem Stimmengewirr, Rufen, Gesängen, Trommelschlägen, Qawwali-Musik aus Kassettenrecordern, dem Blöken der Schafe und dem Meckern der Ziegen. Ekstatisch freuen sich die Wallfahrer auf den Trancetanz und skandieren den Kosenamen des Qalandar: *Dschhuule Laal! Dschhuule Laal!* Mit dem ‹Rubin, der sich wiegt›, wurde ursprünglich Udero Lal liebevoll bezeichnet, die alte, hinduistische Wassergottheit des Indus, wegen der sich sanft wiegenden Wellen des Stromes.

Die Pilger preisen ohne Unterlass ihre Heiligen: «*Bolo bolo Saachi Laal Schahbaas Qalandar!* – Ruf, ruf den Namen des großherzigen Lal Schahbas Qalandar! *mast Qalandar!* – O du berauschter Qalandar! *Ali Schahbaas Qalandar!* – O du höchster Qalandar! *pandschtan paak; haidari!* – O ihr fünf Reinen der Familie des Propheten; ich bin ein Haidar, ein Anhänger Alis!» Und wieder höre ich das mir schon vom Berg der Berauschten bekannte «Sei berauscht, die Hand beim göttlichen Freund!»

Diese kurzen, prägnanten, *bol* genannten Lobesformeln werden voller Ergriffenheit und Verzückung gerufen, und immer wieder stoßen Einzelne ein lang gezogenes «*naare haidari*» hervor, dem andere im Chor mit «*ya Ali* – es lebe Ali!» antworten. Ein junger Mann singt mit sanfter, ergreifender Stimme eine Hymne an Ali und den Qalandar, den Großzügigen, der Leben schenkt. Die Übrigen stimmen ein in die Zeile «*ham hain diwaane Laali ke* – Wir sind berauscht von Lal». Dann spielt jemand eine Kassette mit Farsana Parveens neuestem Devotionalhit, dessen Refrain *dschhule dschhule Laal – mast Qalandar Laal*, der dem großen Lal Schahbas gewidmet ist, frenetisch mitgesungen wird. Übermütig werfen Jugendliche Feuerwerkskracher in die Korridore des Zuges.

Mudschtaba erzählt mir begeistert eine Legende, die sich um den Entzückensausruf *mast Qalandar* rankt: «*Dakt Saab – Doctor Sahib* –, wissen Sie, was es damit auf sich hat?», er tippt an mein Knie, um sich meiner Aufmerksamkeit zu vergewissern, «hören Sie, wie der Qalandar einen Menschen vom Tod zum Leben erweckte. Bodla Bahar war der treueste Schüler des Heiligen. Einmal war es so trocken, dass die Tiere nichts zu trinken und zu fressen hatten und starben. Es gab kein Fleisch mehr in der Stadt. Einer der Metzger, er hieß Anud Kasai, beschloss sich des armen Bodlas zu bemächtigen. Er verschleppte und betäubte ihn, zerteilte ihn mit seinem Hackmesser in kleine Stücke und begann, die Körperteile in einem großen Topf zu kochen. Lal Schahbas aber hatte begonnen, seinen geliebten Bodla zu suchen. Er lief durch die Straßen von Sehwan und rief laut seinen Namen. Als die Fleischstücke im Topf dies hörten, begannen sie zu tanzen und sich wieder zu ihrem früheren Körper zusammenzufügen. Bodla wurde wieder lebendig und sang dabei *mast Qalandar, mast Qalandar!*»

Unser Waggonbereich hat sich weitgehend in das Camp einer Lahorer Brass-Band verwandelt, es sind Mitglieder der Sohni Band, die bereits in den 1940er-Jahren von Master Sohni Chan gegründet wurde. Sie verdienen sich ihren Lebensunterhalt vor allem dadurch, bei Hochzeitsprozessionen zu musizieren und in ihren Uniformen zu marschieren, verstehen sich aber auch darauf, klassische indische Raga-Melodien auf ihre westlichen Instrumente zu übertragen. Neben der ältesten, schon 1875 gegründeten Babu Band ist die Sohni Band heute im ganzen Pandschab besonders populär.

Ihre Klarinetten, Trompeten, Posaunen und Tuben verstauen die Musiker bei uns im Abteil unter und auf den Sitzbänken. Einer der Trompeter hat mir gegenüber Platz genommen. Fasziniert verfolge ich, wie er einen Fünfhundert-Rupien-Schein zwischen seinen Händen zusammenrollt, den Knoten seiner Hosenkordel löst und den Geldschein in den tunnelförmigen Saum seiner weiten Pluderhose steckt. Ein sicherer Ort für Bargeld während des bevorstehenden Festes! Um seinen linken Fuß sind zwei kleine Stückchen eines Kamelknochens gebunden. Solche erhält man an Heiligenschreinen, sie sollen unter anderem gegen Verstopfung helfen.

Der Trompeter tuschelt mit Mudschtaba, wobei er fragend mit dem Kopf zu mir hindeutet. Ich verstehe nur das Wort *achroot* – Walnuss –, das Pandschabis gerne abschätzig gebrauchen, wenn sie über Paschtunen reden. «Nein, er ist ein Deutscher!», lacht Mudschtaba laut und herzlich.

Am anderen Ende des Abteils hat eine Familie als Sichtschutz Tücher zwischen die Sitzverstrebungen gespannt und so für ihre Frauen ein eigenes Separée gebildet. Ansonsten sitzen Männer, Frauen und Hidschras gemischt. Die oberen herunterklappbaren Liegeflächen des überfüllten Zuges sind schnell besetzt. Schräg gegenüber von uns verrichtet ein frommer älterer Mann dort oben sitzend sein Mittagsgebet. Manche spielen Karten und schwatzen dabei. Snack-Verkäufer winden sich durch die Gänge und bieten

Kokosnussscheiben, Nüsse, geröstete Kichererbsen und verschiedenste salzige und scharf gewürzte Knabbereien an. In ihrem Gefolge kommen Bettler, die religiöse Bittformeln murmeln und kleine Rupienscheine sammeln, wobei sie in einer demütigen Geste ein Tuch vor sich halten oder einfach mit beiden Händen den vorderen Teil ihres lange herabfallenden Hemdes heben, das man *dschholi* nennt. «Gib mir etwas in mein *dschholi!*», bitten sie. Ein Derwisch zieht mit einem einfachen Saiteninstrument durch den Gang. Er zupft die einzige Saite der altertümlichen Stabzither und singt dazu mystische Verse.

Ich mache mich auf den Weg zur Toilette. Auf dem schmalen Korridor lagert eine Ziege, die ihr Grünzeug frisst. Vorsichtig ihren Hörnern ausweichend, drücke ich mich an ihr vorbei. Ein ungleich schwieriger zu überwindendes Hindernis ist jedoch der eigentliche Türwächter – ein junger Wasserbüffel, der mit vereinten Kräften vom Bahnsteig in den Zug bugsiert worden war. Nun lagert er unmittelbar vor der Toilette und veranlasst die meisten, unverrichteter Dinge die entgegengesetzte Richtung einzuschlagen.

Mudschtaba, der sich angeregt mit den Musikern unterhält, ist Kettenraucher. Während er sonst billige Gold Leaf oder K2 raucht, ist er nun – wie fast alle in unserem Abteil – eifrig damit beschäftigt, eine *sigret – cigarette* – nach der anderen einer neuen Verwendung zuzuführen. Erst massiert er sie dazu sanft mit den Fingern. Den locker gewordenen Tabak lässt er in seine Handfläche bröseln, steckt dann ein Klümpchen Haschisch auf ein Streichholz und erhitzt es kurz über der Flamme. Tabak und Cannabis (in dieser Form *tscharas* genannt) werden nun in der Handfläche miteinander vermischt. Diese Füllung schüttet Mudschtaba anschließend geschickt in zwei ‹entkernte› Zigaretten, die er nebeneinander hält. Solche *dabal-sigret* haben im Pandschab zumindest in den Städten die traditionelle Wasserpfeife vielfach abgelöst.

Haschisch-Duft durchströmt die Zugabteile und verdichtet sich immer mehr. Er ist ein wesentliches olfaktorisches und visuelles Element im Ambiente der *Saayeriin*, der Pilger. *Tscharas* zu rauchen dient zur rituellen Einstimmung auf das Fest, denn die Droge ist untrennbar mit dem Kult des ‹berauschten Qalandar› verbunden – die Wallfahrt nach Sehwan ist insbesondere eine Rauschreise.

Trotz der anregenden Wirkung des Haschischs breiten sich nach zwei, drei Stunden nicht nur Staub, Dreck und Schweiß, sondern auch Müdigkeit aus. Manche dösen vor sich hin mit halb geöffneten, geröteten Augen, den Kopf nach hinten gelehnt oder vornüber baumelnd, die Knie bis unter das Kinn hochgezogen. Schräg gegenüber hält ein Mann den Kopf seines schlafenden Nachbarn im Schoß und stützt sich selbst auf dessen Schulter ab. Mit ineinander verschränkten Gliedmaßen, sich gegenseitig Behaglichkeit verleihend, ohne Scheu. Wie schnell die Menschen in Pakistan die Schwelle zum Schlaf überschreiten und innerhalb von Minuten einnicken, hat mich immer verblüfft und mit Neid erfüllt. Die Phasen zwischen Wachen und Schlafen erscheinen variabler als im Westen, und wenn sich das Bedürfnis nach Schlaf einstellt, dann kommt man ihm einfach nach.

Mudschtaba unterhält sich munter, scherzt, zieht an seiner *dabal-sigret*, seine geweiteten Pupillen blitzen, bis auch er am Spätnachmittag einschlummert. In der Liegefläche über uns hat sich ein älterer Mann völlig in eine braune Decke gehüllt, nur die Umrisse seines Körpers sind zu erkennen. Er atmet durch den dünnen Stoff hindurch – wie sonst im Hochsommer, wenn die zeltartige Umhüllung vor Moskitos schützt. Die Geräusche und Laute der Schläfer – tiefes Atmen, leichtes, noch sanftes Schnarchen, gelegentliches Fiepen und Grunzen bis hin zu schweren, rasselnden und sägenden Stößen wie bei einem Lkw – vermischen sich mit den Stimmen der Wachenden, dem Meckern und Blöken der Tiere, Gesang und Trommeln im benachbarten Abteil und dem Rattern des *Allama Iqbal Express* zu einem eigenartigen Klangteppich, akzentuiert von Rufen, Flüchen und Kindergeschrei. Hält der Zug, dann entweicht bei jedem Waggon mit lautem Zischen der Bremsluftdruck; das Zirpen der Zikaden dringt herein.

Von Lahore geht es über die Stationen Raiwind und Kot Radha Kischen vorbei an Feldern, Ziegeleien und Banyan-Bäumen nach Okara, Sahiwal und Tschitschawatni tief hinein in den Süden des Pandschab. Manche Orte kenne ich von früheren Ausflügen und aus der Literatur: In Raiwind liegt das Hauptquartier der Tablighi Dschamaat, einer weit über die Grenzen der muslimischen Welt verbreiteten Frömmigkeitsbewegung, dort findet jedes Jahr eine riesige Versammlung statt, nach der Mekka-Pilgerfahrt die zweitgrößte Zusammenkunft von Muslimen überhaupt. Bei Kot Radha Kischen denkt man an das berühmte göttliche Liebespaar Radha und Krischna – ein Hinweis auf die teils hinduistisch geprägte Vergangenheit des Fünfstromlandes Pandschab. Okara ist eine wichtige Industrie- und Geschäftsstadt. Die Kanalkolonie Sahiwal hieß in britischer Zeit ‹Montgomery›, benannt nach Sir Robert Montgomery, Mitte des neunzehnten Jahrhunderts Lieutenant-Governor des Pandschab. Die kleine Station Tschitschawatni ist umgeben von weiten, künstlich bewässerten Feldern, eingetaucht in ein fruchtbares Tiefgrün, gesättigt vom Monsunregen des August. Bauern tragen horizontal gestreifte Hüfttücher. Emsigkeit auf den Bahnhöfen, Snacks werden durch die Fenster gereicht, Tassen mit heißem Milchtee und kleine Tongefäße zum Wassertrinken. Manche eilen kurz auf den Bahnsteig, um sich zu versorgen. In Khanewal, der zweitgrößten Bahnstation des Landes, bricht die Dunkelheit innerhalb von Minuten herein, und der Zug fährt weiter in die pechschwarze Nacht, mit weiteren kurzen Unterbrechungen in Chanpur und Rahimyar Chan. Die Aufenthalte in den Bahnhöfen des oberen Sindh nehme ich im Dämmerschlaf nur fragmentarisch wahr. Schließlich erreichen wir am frühen Morgen Hyderabad im Inneren der Provinz Sindh.

Ankunft in Sehwan

Wir schultern unser Gepäck, verlassen rasch den Bahnhof von Hyderabad und folgen den übrigen Pilgern. Noch sind die Basare nur halb erwacht, noch stört kein Verkehrslärm die Schlaftrunkenen und Ermüdeten, nur hier und da setzen sich Männer zu einem ersten Tee zusammen. Nach wenigen Gehminuten auf einer breiteren Basarstraße zweigen wir nach rechts ab und stehen bald inmitten eines idyllischen Gartens mit Pfauen, Tauben und Gräbern vor dem kleinen Kuppelbau des berühmtesten Heiligtums und Wallfahrtsortes der Stadt, in dem ein Fußabdruck von Ali verehrt wird. Ali ist der Vetter und Schwiegersohn des Propheten Muhammad, sein vierter Kalif und gleichzeitig erster Imam der Schiiten. Die Übertragung des Kalifen-Amtes an Ali nach dem Tode Muhammads führte zu inneren Kämpfen der muslimischen Glaubensgemeinschaft, aus denen das große Schisma des Islam hervorging. In der entscheidenden Frage der Prophetennachfolge erkennen die Schiiten nur Ali und seine leiblichen Verwandten in der väterlichen Linie als legitime Erben an.

Als heldenhafter ‹Fürst der wahren Gottesmänner› und ‹Löwe Gottes› wird Ali aber sowohl von Schiiten als auch von Sunniten verehrt. Zudem ist er der wichtigste Wegbereiter der Sufi-Tradition. Alle Orden, außer der Naqschbandiyya, verehren Ali als Hüter des esoterischen koranischen Wissens, das er zusammen mit den Insignien der Mystiker und Asketen direkt vom Propheten Muhammad selbst erhalten haben soll. An vielen Orten in der muslimischen Welt glauben fromme Muslime seine Spuren zu erkennen, so auch hier in Hyderabad. Die Liebe zu Ali ist außerordentlich und emotional intensiv, das zeigte sich schon in den begeisterten Rufen im Zug. Das wichtigste rituelle Lied an den Sufi-Schreinen Südasiens, mit dem jedes spirituelle Konzert beginnt und endet, ist die Hymne «*man kunto Maula, fa Ali un Maula* – Wer mich (= Muhammad) als Herrn anerkennt, dessen Herr ist auch Ali». Diese Worte bezeugen die Überlieferung, der

Prophet selbst habe mit Ali seine spirituelle Nachfolge festgelegt – die Grundlage des schiitischen Glaubens.

Nach einem kurzen Gebet wenden wir uns zurück zur Hauptstraße, doch signalisiere ich Mudschtaba, dass ich dies wegen akuten Harndrangs wohl nicht mehr schaffen werde. «Ah, *peschaab – call of nature*», meint er, «*easy*, finden Sie einfach irgendwo einen Platz.» Seit dem Verlassen des Bahnhofs suche ich bereits mit den Augen die Umgebung ab; Mudschtabas lapidare Äußerung ist nicht wirklich hilfreich, da sich zahlreiche Pilger – auch Familien, Frauen und Kinder – im Gebiet des Heiligtums aufhalten und ich niemanden brüskieren will. Kurz entschlossen drücke ich meinem Begleiter die Reisetasche in die Arme und hocke mich etwas abseits vor eine Hauswand. Das lange Hemd fungiert dabei als Zelt, das den Intimbereich vor fremden Blicken schützt. Bei rückwärtig abschüssigem Gelände – wie hier – sollte man jedoch tunlichst nicht vergessen, die Hosenkordel unter dem Schritt hindurch zu führen und mit der rechten Hand hinten am Gesäß zu halten (dadurch werden die Falten der Hose gerafft und das Hemd leicht gehoben), sonst würde man die eigene Kleidung durchnässen. Das war mir bereits einmal passiert – mit dem entsprechenden Ergebnis. Beim Binden der Hosenkordel gleitet mein Blick die Wand hoch und ich lese in Urdu geschrieben den Spruch: «Schau, ein Hund pisst gerade!»

Mudschtaba grinst nur: «*Dakt Saab,* nach Ihrer *jawaab-e tschay* – Antwort des Tees – sollten wir nun unbedingt etwas trinken!» Mit heißem *duudpatti* gestärkt, fahren wir dann mit einer zweirädrigen Pferdekutsche zum Busbahnhof. Dort finden wir einen der chromglänzenden größeren Busse, der uns *Inschallah* in knapp zwei Stunden über Dschamschoro, Ranikot und Amri nach Sehwan bringen wird. Er ist außen und innen reich mit magischen Abwehrzeichen, bunten religiösen Stickern und Inschriften verziert; an der Decke ist zudem ein in Tücher eingewickelter Koran befestigt. Solchermaßen vor Unheil geschützt, trägt uns dieses Gefährt ächzend und klappernd durch die Vorstädte in

Richtung Indus. Nach der Flussüberquerung führt die Route am rechten Ufer entlang in nördlicher Richtung durch welliges Gelände, linker Hand die Berge Belutschistans und rechter Hand die Stromebene. In der letzten Bank sitzend und schaukelnd, wie beim Gebet Schulter an Schulter mit den Nachbarn, habe ich Muße, meine Augen und Gedanken wandern zu lassen.

Der *Conductor,* der Busschaffner, steht an der geöffneten hinteren Tür. Sie hat zwei miteinander verbundene Flügel, die nach innen geklappt und mit einem Riegel am Boden festgestellt sind. Auf dem Trittbrett eingeschlagen ein Hufeisen, ein auch in muslimischen Ländern beliebtes Schutzsymbol gegen Unheil. Eisen gilt hier generell von Alters her als Kampfmittel gegen Dämonen. Die linke Innenseite der Blechtür zeigt mehrlagige blaue und rosa Farbschichten, angerostet, patiniert, abgeblättert. Wie viele Male wurde sie vom *Conductor* und von Fahrgästen mit der flachen Hand knallend geschlagen oder energisch mit Fingern geklopft, um dem Fahrer ein Haltezeichen zu geben? Mit ihren vielgestaltigen Farb- und Oberflächenstrukturen erscheint mir diese Tür wie ein absichtslos von Menschenhand und Witterungseinflüssen geschaffenes Kunstwerk. «Das Angesehene schlägt den Blick auf», hat Walter Benjamin einmal gesagt. Aber war es nicht bereits Leonardo da Vinci, der in Farbklecksen auf dem Boden Gesichter und Figuren zu erkennen glaubte?

So sinniere ich vor mich hin, während am Fenster eine archaische Wüsten- und Steppenlandschaft vorüberzieht. Zunächst sanft geschwungene Hügel, die in ihrer Form einer eigenen Melodie zu folgen scheinen und wie Wolken dahingehen. Dann wird die Szenerie zunehmend karg und unwirtlich gen Westen mit den schroffen Lakki-Bergen und flacher, grüner und fruchtbarer gen Osten jenseits des Indus mit Palmen, Bananenhainen und Baumwollfeldern. Lal Schahbas Qalandar muss im dreizehnten Jahrhundert auf seiner Wanderung aus dem Iran entlang der Makran-Küste und weiter nach Norden in Richtung Multan hier vorbeigekommen sein. Desgleichen in der ersten Hälfte des achtzehnten Jahrhunderts der andere große Heilige des Sindh, der Mystiker und Dichter Schah Abdul Latif, der in der Begleitung von Hindu-Yogis in dieser Wildnis umhergezogen sein soll, so die Überlieferung.

Am späten Vormittag erreichen wir Sehwan. Unser Bus spuckt uns an einer Straßenkreuzung aus, mitten im lärmenden Gewimmel der hupenden Autobusse, Qinqi-Motor-Rikschas (gesprochen: *kingschi*), glockenbimmelnden Pferdekutschen, Kamele und Menschen. Die *mela* – wörtlich: ‹die Mischung› (der Menschen bei einem religiösen Treffen) – hat bereits begonnen, aber erst am übernächsten Tag findet die Feier des *urs* statt, der eigentliche Höhepunkt des Festes. Wir ertrinken in einem Ozean von Menschen. Ich spüre meine Erschöpfung und Übermüdung, die Oktoberhitze tut ein Übriges. Mudschtaba jedoch, offensichtlich gut ausgeschlafen und begeistert von der vibrierenden Atmosphäre von Sehwan, eilt so schnell voraus, dass ich mit meiner Tasche auf der Schulter kaum Schritt halten kann. Ich versuche, ihm deutlich zu machen, dass er mich so bald wie möglich zu Arif Sains Zelt bringen möge, doch er schaut mich nur zweifelnd an: «Don't worry, easy!»

Wir wandern auf einer geraden und breiten Straße, die gesäumt ist von hastig aus Bambusstöcken und Sackleinwand zurechtgezimmerten Buden und den fliegenden Händlern des Gehsteigs, des *footpath*. Neben Postern, Musikkassetten, Videos und DVDs vom Heiligenfest gibt es massenhaft Spielzeug, dekorativen Kitsch, gläserne Armreifen, Fingerringe und andere Schmucksachen, Devotionalien und Plastik-Krimskrams, den findige Paschtunen-Händler containerweise von Hongkong nach Pakistan verschiffen und bis in die letzten Winkel des Landes verhökern. Daneben in Mengen Nüsse, Datteln, Rosinen, Popcorn und Obst, die in den offenen Ständen ästhetisch präsentiert werden. Dann die süßen Speisen: *halwa-puuri* und klebrige *dschalebi*-Kringel.

Der Weg von der Busstation bis zum Schrein des Qalandar ist mehrere Kilometer lang. Mit einem Mal wirft sich eine junge Bettlerin vor mir auf den Boden, umklammert mein rechtes Bein und meinen Fuß und hindert mich so am Weitergehen. Ich bin mit Taschen behängt, habe keine Hand frei und bin enerviert – dazu die Hitze und Erschöpfung. Mudschtaba zwingt das Mädchen schließlich rüde, von mir abzulassen. Mein schlechtes Gewissen schleppe ich mit. Solch aufdringliches Betteln kommt selten vor – trotz der vielfach verzweifelten Bedürftigkeit. Eine ähnliche Situation erlebte ich vor Jahren in der Stadt Gudschrat im Pandschab. Damals stieg ich gerade aus einer Pferdekutsche, als mich zwei ausnehmend hübsche junge Frauen umringten und aggressiv bedrängten. Nur mit ein paar Geldscheinen konnte ich mich freikaufen und über die Straße in den Eingang eines Ladens flüchten.

Wir gelangen in die Nähe des geweihten Bezirks und sehen bald die große goldene Kuppel des Heiligtums mit Halbmond-Bekrönung, die von Taubenschwärmen umflogen wird. Zielsicher bewegt sich Mudschtaba in den engen Gassen mit ihrem unaufhörlichen Menschengedränge. Ich hatte mir Aschfaqs Skizze genau eingeprägt, auf der Arif Sains Zelt eingezeichnet ist, in dem ich unterkommen soll. Nun werde ich das Gefühl nicht los, dass mich ‹der Erwählte›, so die Namensbedeutung meines Reisebegleiters, in eine völlig andere Richtung führt.

Tatsächlich schleppt er mich zunächst zu einem Haus unmittelbar neben dem Schrein von Lal Schahbas Qalandar. Wir kämpfen uns dorthin durch das dichteste Gewühl, vorbei an den Verkaufsständen mit Grabtüchern, Wunschfäden und stark duftenden Rosenblättern. Nach einer kurzen Wartezeit begrüßt uns Sayyid Imdad Ali Schah, ein *piir* und Sufi-Meister, dessen Vorfahren dem großen Qalandar gedient haben. Dieses Charisma der Nähe zum Heiligen hat der *piir* geerbt, der selbst allerdings bei der Nationalbank arbeitet. Sein Gästehaus quillt über von Pilgern, und er hat nur kurz Zeit für uns, aber ich sei willkommen, versichert er mir, falls ich einen Schlafplatz benötigen sollte. Angetan von der einzigartigen Lage des Hauses neben dem Schrein – für Ethnologen ein idealer Ort der Beobachtung und Teilnahme – fasse ich den Entschluss, in den nächsten Tagen sein Angebot anzunehmen. Wie gerne würde ich ausruhen, aber es geht weiter, ich möchte endlich zu Arif Sains Zelt gelangen. Nur mühevoll kann ich mit Mudschtaba Schritt halten. Schließlich klopft er an die Tür eines unscheinbaren Hauses, ein Junge öffnet und führt uns in einen dunklen Innenraum, in dem ein nackter, nur mit einem schwarzen Lendentuch bekleideter Asket an der Wand auf dem Boden sitzt, gestützt von einem Kissen. Er ist an Hals, Armen und Beinen wie ein Gefangener in schwere Eisenketten gelegt. Mudschtaba stellt ihn als einen «Verwandten aus Lahore» vor und flackert dabei mit seinen weit aufgerissenen Augen. Ich bin zu müde, ihn genauer zu fragen. Er erklärt mir, dass der Derwisch seit seinem achtzehnten Lebensjahr die Ketten einem Gelübde folgend trage – aus Verehrung für den Qalandar und für Ali Sain ul-Abidin, dem jungen vierten Imam der Schiiten, der nach der historischen Schlacht von Kerbela (im heutigen Irak) im Jahre 680 in Ketten nach Damaskus gebracht worden war. Der Asket, er heißt Chadim Husain Schah, wolle wie die großen Sufis bereits «vor dem Tod sterben.» Er sei ein *sawa-maund*-Kettenträger, der ‹eineinhalb *maund*›, umgerechnet etwa fünfzig Kilogramm, Eisen mit sich trüge. Wenn ich wolle, raunt mir Mudschtaba zu, könne ich bei ihm wohnen – allerdings würde es ein wenig kosten. Ich lehne dankend ab und wiederhole meinen Wunsch, endlich Arif Sain zu sehen. Ich deute an, den Platz bei der Alexanderfestung wohl auch alleine finden zu können. «Nein, nein», entgegnet Mudschtaba, «wir gehen zusammen.»

Offenbar will er sich aber nicht recht damit abfinden, dass sein Schutzbefohlener unter freiem Himmel zu nächtigen gedenkt, und so beginnt er, nach weiteren Unterkunftsmöglichkeiten zu fragen. Als die Angefragten in mir einen *gora* oder *angrees*, einen

«Weißen» oder «Engländer», erkennen, nennen sie exorbitante Preise. Einer von ihnen zieht uns schließlich in einen verdreckten, fensterlosen Abstellraum mit einem wackligen Bett in der Mitte. Zweitausend Rupees fordert er, rund dreißig Euro. Ich dränge Mudschtaba zum Gehen.

Endlich machen wir uns auf nach Norden in Richtung der ‹alten Festung›, die der Überlieferung nach von Alexander dem Großen errichtet worden sein soll, als er mit seiner Flotte den Indus hinuntersegelte. Im Volksmund wird sie auch ‹Festung der Ungläubigen› genannt; unterhalb von ihr ist auf meiner Skizze der Platz markiert, an dem Arif Sain zusammen mit anderen Wanderderwischen für gewöhnlich sein Zelt aufstellt. Mein Reisebegleiter, ‹der Erwählte›, führt mich vorbei an unzähligen Devotionalienläden durch die Hauptgasse des Basars, der wie ein Bienenstock vor Menschen schwirrt. Die Fortbewegung im Gedränge der Pilger ist nicht einfach, ich komme mir trotz aller Beschränkung beim Reisegepäck wie ein Lastesel vor: über der rechten Schulter hängt die Reisetasche, über der linken eine kleinere mit den notwendigsten Dingen. Mudschtaba hat mir wenigstens die zusammengeschnürte Decke abgenommen. Im Laufe der nächsten Tage erkenne ich, dass es für Gepäckbeladene doch Umgehungsmöglichkeiten auf weniger gefahrvollen Wegen gegeben hätte – unter Vermeidung der Menschenmassen im Basar.

Das Grabmal des Heiligen Bodla Bahar lassen wir zu unserer Linken und kommen bald am Ortsrand zu einer kleinen Brücke, die eine Schlucht oder eher eine Senke überspannt. Dann steigt der Weg weiter an und führt hinauf zum felsigen Plateau der Alexanderfestung. Mudschtaba kennt sich hier nicht aus, aber Aschfaqs Skizze, die ich im Kopf habe, erlaubt eine problemlose Orientierung. Wenige Schritte hinter der Brücke biegen wir links ab in einen Hain mit Bäumen, Büschen und einigen Gräbern. Wohltuend hebt sich das Grün von der sandfarbenen Umgebung ab. Der Hain ist dicht besetzt mit Zelten, Unterständen und frei unter offenem Himmel kampierenden *Saayeriin*. Ganz überwiegend sind es Männer, nur wenige Frauen sehe ich unter den Pilgern. – Wie wird mich Arif Sain empfangen? Was mache ich, wenn er nicht da sein sollte? Werde ich in der Lage sein, in den nächsten Tagen auf völlig bedürfnislose Weise gemeinsam mit den Malangs zu kampieren?

Am Rande des kleinen Friedhofsgartens, zum Abhang hin, ist dicht an dicht eine Reihe von Zelten aufgestellt. Vor einem hängt neben einem Derwischblashorn ein rotes, verziertes Banner, in Goldfäden bestickt mit frommen Anrufungen an Gott und den Propheten und der Inschrift: «*Kaafi Hasrat Baba Schah Dschamaal Itschhra Lahore* – Karawane des heiligen und ehrwürdigen Schah Dschamal aus dem Stadtteil Itschhra in Lahore». Der Sufi-Meister Schah Dschamal, der für seinen ekstatischen Tanz zum Rhythmus der Trommel bekannt war, stammte aus Sialkot im nördlichen Pandschab und lebte unter den Moghulkaisern Akbar, Dschahangir und Schah Dschahan im sechzehnten und siebzehnten Jahrhundert in Lahore. Das muss das *dera* – Wohnplatz und Zelt – des Karawanenführers Arif Sain sein, denn dieser versteht sich als Diener des Lahorer Heiligen. Und richtig, Saindschi sitzt inmitten seiner Derwische neben der Feuerstelle in einem Kreis, wie die Gefährten des Propheten dies zu tun pflegten. Ich erkenne sein Gesicht wieder, gelegentlich hatte ich ihn am Schrein Baba Schah Dschamals gesehen, wenn er zu Trancerhythmen sein Derwischhorn blies. Wir umarmen uns und er bittet mich, neben ihm Platz zu nehmen. Er hat mich erwartet, durch Aschfaq wusste er von meinem Kommen. Glücklich und erleichtert lasse ich mich neben ihm auf dem Boden nieder.

Arif, sein Name bedeutet ‹Erkennender› und meint im Sufi-Sprachgebrauch denjenigen, der die wahre geistige Einsicht in die Gottesliebe gewonnen hat, mag etwa sechzig Jahre alt sein. Sein freundliches Gesicht mit wachen, prüfenden Augen strahlt Ruhe und Gelassenheit aus. Der grau-weiße Vollbart ist gestutzt, sein Kopf geschoren, dazu trägt er eine bunte Flickenkappe – typisches Accessoire der Malangs, die den großen Qalandar-Heiligen verehren. Die Kappe, deren Farben inzwischen verblasst sind, ist mit ornamentalen Mustern bestickt, billige Anhängsel mit Glasperlen sind daran befestigt; sie sind vom Wetter gegerbt wie die bronzene Haut des Derwischs. An seinem rechten Ohrläppchen hängt ein kleiner Goldring mit drei Perlen, in weiß, rot und blau, um den Hals trägt er zwei Ketten, eine mit schwarzen Perlen, die andere vielfarbig, Handgelenke und Arme schmücken gläserne Amreifen, um den rechten Oberarm hat er schließlich eine hölzerne Gebetskette gebunden. Bis auf ein Hüfttuch ist er ansonsten nackt. Zunächst erkundigt sich Arif Sain nach unserer Reise und stellt mich als Freund Dr. Aschfaq Chans den übrigen Zeltbewohnern vor, dabei wird Tee eingeschenkt. Nachdem sich Mudschtaba vergewissert hat, dass ich hier nächtigen kann und für mich gesorgt wird, verabschiedet er sich. Er wird bei Freunden aus dem Lahorer Filmstudio wohnen, die in Sehwan ein Haus angemietet haben. Wir verabreden uns für die gemeinsame Rückreise.

Arif Sains «Zelt» besteht aus einigen Tüchern und Tuchsegeln, die als Sonnenschutz zwischen einzelne Sträucher gespannt sind, auf dem Boden sind Plastik- und Juteplanen, aus Riedgras geflochtene Matten und Flickendecken ausgebreitet. Die Nachbarunterkünfte sind aus ähnlichem Material errichtet, nur ausnahmsweise sieht man Zelte aus Armeebeständen. Wenige Schritte entfernt von uns ist ein Lehmhaus an die hochaufragende, teils überhängende Felswand des alten Forts gebaut. Daneben kampiert eine Gruppe von grell geschminkten Hidschras aus Lahore. Saindschi bestätigt, dass die Pilger in diesem Friedhofsgarten jedes Jahr während der *mela* ihre angestammten Plätze besetzen. Nach einer Art Gewohnheitsrecht werden diese Plätze für später Ankommende in der Regel freigehalten, andernfalls kann eine Belegung zu heftigen Auseinandersetzungen führen. Man findet sich nach Städten, Regionen und Sufi-Orden zusammen. Seine eigene *kaafila* – Karawane – aus Lahore hat eine wechselnde Zusammensetzung, manchmal zieht ein befreundeter Malang oder Fakir mit ihm im Jahreslauf von einem Fest zum nächsten, dann schließt sich wieder ein anderer an. Neben diesen «großen» Derwischen, die eine Wallfahrtsgruppe organisieren und sozusagen den logistischen Teil übernehmen, gibt es die Laienanhänger eines Heiligen, die ihre devotionale Religiosität leben, indem sie die Feste an den Schreinen mitfeiern. Arif Sains Karawane besteht durchschnittlich aus fünfzehn bis fünfundzwanzig Personen, ausschließlich Männern; in diesem Jahr sind wieder über zwanzig mitgekommen. Nebenan im Garten lagern auch größere *kaafilas*, mit dreißig oder vierzig Personen, zu denen ganze Verwandtschaftsgruppen gehören. Sain-dschi erzählt mir, die größte Karawane starte mit mehreren tausend Pilgern vom Miwe Mandi aus, dem Gemüsemarkt von Lahore. Man miete eigene Busse für die Anreise.

Die Mittagsstunden nutze ich, um mich auszuruhen, die Mitbewohner kennenzulernen und einfach nur zu beobachten. Wir sitzen in einem lockeren Dreiviertelkreis um die Feuerstelle und die offene Zugangsseite des Zeltes. Es wird geplaudert, geraucht, getrunken und gegessen. Mir fällt eine schlecht verheilte Verletzung an Arif Sains Daumen auf. Auf meine Frage hin berichtet er, dass er sich letztes Jahr beim Aufbau seines Zeltes mit der Axt ein Stück des Fingers abgeschlagen habe.

Sain-dschis Gehilfe und Küchenmeister ist Bola Kandschari, der in ein bis zum Boden reichendes, hemdartiges Gewand in Indigoblau gekleidet ist. Eigentlich heißt er Mohammad Aschraf. Er zeigt mir seinen Paß, in dem das Foto eines jungen Mannes mit kurzgeschnittenen Haaren zu sehen ist. Seinem Geburtsdatum nach muss er jetzt achtundvierzig Jahre alt sein. Das Derwischleben hat Bola jedoch schneller altern lassen, aufgrund seiner Zahnlücken und seines Äußeren würde man ihn wohl eher auf Mitte sechzig schätzen. Seine Hauptaufgabe ist es, die Küche des *dera* zu führen; so hantiert er mit Kochtöpfen, Bratblech und Porzellanteeschalen, kümmert sich um den Kanister mit Trinkwasser, der von heimischen Wasserträgern gegen Entgelt aufgefüllt wird, und verwaltet die Vorräte: Mehl, Reis und Tee der Marken *Lipton Yellow Label* und *Supreme No. 1 Quality*. Noch ein weiterer Derwisch, Mistri-Sahib genannt, verfügt über praktisches Geschick und macht sich entsprechend nützlich. Sein Gesicht ist wie in Stein gemeißelt und von tiefen Längsfalten durchzogen. Meistens schweigt er.

Fliegende Händler und Performancekünstler defilieren von einem Zelt zum anderen und geben ihr Stelldichein: Zunächst *dhol-walas*, meist zu zweit, die mit ihrem kraftvollen Trommelspiel die Begeisterung noch intensivieren, von der ganz Sehwan erfasst ist. Dann folgen Schlangenbändiger, Saitenmusiker und Dudelsackspieler. *Tschillam-walas* bieten kleine irdene Haschischpfeifen an, die sie sackweise mit sich führen, danach erscheint ein *agarbatti-wala*, der Räucherstäbchen unterschiedlichen Aromas verkauft. Von einem Trommler begleitet, tritt ein junger Fakir an das Zelt heran, er wird kaum älter als vierzehn oder fünfzehn Jahre sein, verneigt sich tief, nimmt und isst eine Prise von der Asche des Feuers, dann beginnt er zu tanzen. Ob unter islamischen Derwischen oder Hindu-Sadhus – die Asche des Asketenfeuers gilt als heilig. Ich erinnere mich an das Derwischfeuer bei Lala Dschi am Berg der Berauschten, das, wie man mir dort erzählt hatte, hier in Sehwan geweiht worden war. Klingt im Feuerritual der islamischen Sufis eine archaische Verbindung an zur altiranischen Licht- und Feuerverehrung im Zoroastrismus? Oder doch eher zu Hindu-Traditionen, in denen ein neuer heiliger Ort durch die Flamme begründet wird, die ein Priester von einem Tempel bringt?

Schon von Weitem hörbar ist ein schwarzgekleideter Malang, der mit zahlreichen Glocken behängt ist. Fragend schaue ich Arif Sain an, und dieser erklärt mir, dass es sich um einen ‹Schüler› des Heiligen Bodla Bahar handele. An Bodlas Grabmal sind wir auf dem Weg hierher gerade vorbeigekommen. Es ist jener treue Anhänger von Lal Schahbas, der der Legende nach – die Mudschtaba im Zug zum Besten gegeben hat – unter das Metzgerbeil geriet und sich auf den Ruf seines Meisters hin wieder zusammensetzte. Von diesem mythenumrankten Heiligen sollen also die Glocken unseres Besuchers stammen. Der Heilige Bodla habe sie schon getragen, bevor der Qalandar nach Sehwan kam, erzählt mir Arif Sain. Kurz darauf setzt sich unser Besucher zu uns. Der kauzige alte Malang zeigt uns einen außergewöhnlichen Fingerring, der mit einem grau-gebänderten Stein geschmückt ist, übergroß misst er wohl vier bis fünf Zentimeter im Durchmesser. Es ist ein *nuur-e nadschaf* – ein ‹Licht aus Nadschaf›, dem Ort, an dem Maula Ali begraben ist. Der Malang bedeutet uns, dass in dem Stein Haare des Heiligen eingeschlossen seien. Fürwahr eine Reliquie! Einer unserer Zeltbewohner holt daraufhin einen länglichen, dunkelbraunen Stein mit grobporiger Oberfläche hervor, offensichtlich vom Meer ausgewaschen. Durch eine natürliche Öffnung ist eine Kordel gezogen. Er küsst den Stein und sagt, er habe ihn aus Medina, der Stadt des Propheten, mitgebracht. Unser Koch Bola Sain nestelt an seiner Halskette, einem schweren Gehänge, bestückt mit verschiedensten Derwischemblemen, Amuletten, bunten Quasten, Specksteinperlen, Karneolen und bunten Glassteinen. In die Schnur hat er mehrere Fingerringe eingeknotet, die er früher einmal trug. Auch eine kleine Metallhand ist dabei und zwei kalligrafisch geformte Anhänger, die den Schriftzug *ya Ali madad!* – O Ali hilf! – und den Gottesnamen *Allah* wiedergeben. All dies sind Zeichen und Schmucksteine, die Segenskraft enthalten und Bola vor Krankheit und Übel schützen sollen, ebenso wie der eintätowierte Pfau auf der Innenseite seines rechten Unterarms.

Ich deute auf ein rotes, herzförmiges Glasamulett mit einer Inschrift.

«Dies habe ich von Baba Aschiq bekommen, einem Derwisch aus Karatschi, als er zum Fest von Schah Dschamal nach Lahore kam», erklärt Bola.

Es ist eines der billigen Glasamulette, die im böhmischen Gablonz hergestellt und massenweise im spätosmanischen Reich gehandelt wurden. Aus der arabischen Inschrift auf der Vorderseite lässt sich ein «Nach dem Willen Gottes» herauslesen, die Rückseite kann ich nicht entziffern. Europäer haben diese Inschriften einst in das Amulett eingeprägt und dabei auf Lesbarkeit anscheinend keinen Wert gelegt.

«Karneol und Türkis sind ganz besonders mächtige Steine», bemerkt Arif Sain. «Der ‹Karneol des Salomon› wehrt nicht nur den bösen Blick ab, er macht auch kugelsicher. Nur Menschen, die sich sorgfältig vor dem Gebet reinigen, dürfen solche Ringsteine tragen. Unser Prophet trug einen Karneol am Finger, ebenso die zwölf Imame. Maula Ali trug zusätzlich noch einen Türkis. Bevor du einen Karneol zum ersten Mal trägst, musst du ihn am Abend in ein Glas Milch legen und die Flüssigkeit am Morgen über eine grüne Pflanze gießen. Andernfalls wird dir ein Unglück geschehen!»

«Was passiert denn, wenn jemand die rituellen Waschungen vor dem Gebet nicht durchführt?»

«Dann kann das Tragen eines Türkis sogar tödlich sein. Ich kenne Leute, die haben eine Herzschwäche bekommen und sind erst nach dem Ablegen des Steins wieder genesen. Jeder Stein hat seine Eigenschaften und Auswirkungen.»

Ein jüngerer Mann mit müden Augen, der Kamoke genannt wird, weil er aus dem gleichnamigen kleinen Ort unweit von Lahore stammt, ergänzt: «Der Türkis kann seine Farbe ändern: Wird er grün, so hat er eine gute Wirkung, zeigt er schwarze Punkte, so deuten sich schlechte Dinge an.»

Unser Koch Bola Sain nimmt meine linke Hand. «Du trägst deinen Karneol an der linken Hand. Das ist die unreine Hand, du musst ihn rechts tragen. Schau, so wie ich!» Dann zieht er mir den Ring vom Finger und sucht ihn auf einen der Finger meiner rechten Hand überzustreifen – doch ohne Erfolg. Zu dick oder zu dünn. Arif Sain gebietet ihm schließlich Einhalt.

Bola nimmt nun einen schwarz gefärbten, rautenförmigen Anhänger in die Hand, der an seiner Halskette hängt: «Schau her, dieser Stein ist Gift abweisend; wenn dich eine Schlange beißt, dann sauge die Wunde aus, zerreibe etwas von dem Stein und streue das Pulver darauf. Dann wird alles wieder gut! Den Stein habe ich von Schah Nurani mitgebracht.»

Dies ist der Name eines Heiligenschreins in Belutschistan, unweit des magischen Ortes Lahut, zu dem die Malangs und Fakire im Anschluss an die Qalandar-*mela* in Sehwan wandern, eine Woche Fußmarsch. Bola fährt fort: «Und diesen Rubin schenkte mir ein Sufi während einer Zugfahrt. Auf seinen Wunsch hin sang ich Verse von Bullhe Schah und er wurde schließlich so trunken und verzückt, dass er mir seinen Turban und alles, was er bei sich trug, in den Schoß warf, alles sollte mir gehören. Aber ich nahm nur den Rubinring – er hat mir viel Glück gebracht!»

«Und dieser Augenstein, wo haben Sie den her?», frage ich Bola und deute auf einen Achat mit einem braunen Augenmotiv vor hellem Grund. «Dieser Stein kommt aus dem Iran, es ist ein ‹Baba Quri›, der gut für die Augen ist», erwidert er.

Die Preziosen der Derwische sind fürwahr wundersame Dinge an den Grenzen der Weltentsagung, mit Legenden verwobene und mit individueller Symbolik aufgeladene *objets trouvés,* deren Geschichten weitererzählt werden. Neben der teils bizarren Kleidung und übrigen Ausrüstung der Derwische bilden sie deren symbolisches Kapital, sind Medien ihrer Selbstdarstellung, Zeichen der Zugehörigkeit genauso wie Insignien ihrer Macht. Sie unterstreichen ihre totale Hingabe, zeigen, dass sie alles Weltliche zurückgelassen haben, dass sie – wie eine geschmückte Braut – auf die Vereinigung mit dem göttlichen Geliebten hoffen.

Am Nachmittag mache ich mich auf zur *darbaar,* zum ‹königlichen Hof› und Grabstätte von Lal Schahbas Qalandar. Auf verschlungenen Wegen durch das staubige Sehwan nähere ich mich langsam dem Schrein des roten Sufi. Die goldene Kuppel und die hohen Standartenmasten mit den roten Fahnen, die beherrschenden religiösen Symbole dieses heiligen Ortes, sind schon von Weitem zu sehen. Das lebensbedrohliche Gedränge in der engen Basargasse, die direkt hinunter zum Schrein führt, versuche ich zu meiden.

An einem kleinen Gemischtwarenladen, der offensichtlich temporär für die Wallfahrer eingerichtet wurde, komme ich mit dem Besitzer ins Gespräch. Er ist noch jung, vielleicht Ende zwanzig, Stoppelbart, freundliches Gesicht, von untersetzter Gestalt. Baschir Ahmad, im Hauptberuf Schullehrer, trägt ein indigogefärbtes Tuch über der Schulter, das mit stilisierten geometrischen und floralen Mustern bedruckt ist. Ein typisches Attribut der Sindhi-Kleidung und stolzes Zeichen ethnischer Identität. Von Baschir erfahre ich, dass die Bevölkerung von Sehwan, das sind momentan etwa vierzig- bis fünfzigtausend Menschen, weitgehend von den Einkünften aus der Wallfahrt lebt. Pilger kommen das ganze Jahr über, aber die große *mela* stellt den Höhepunkt dar. Ich erzähle Baschir von einem Zeitungsbericht, demzufolge in diesem Jahr über achthunderttausend *Saayeriin* in Sehwan sein sollen. Der Artikel zitierte einen britischen Offizier, der bereits vor hundert Jahren in einem *Gazetteer,* einer Datensammlung für die Kolonialverwaltung, eine Zahl von dreißigtausend Wallfahrern in Sehwan genannt hatte. Baschir hat für dieses Jahr sogar von eineinhalb Millionen Pilgern gehört. Auf einer Website lese ich später von mehr als einer halben Million, eine Zahl, die der Realität wohl nahe kommt.

«Wissen Sie, gerade die Pandschabis haben in der Regel feste Kontakte zu den Einwohnern von Sehwan. Sie mieten sich entweder ein ganzes Haus, einen Raum oder nur ein *tscharpoy*, ein Bett, das im Innenhof für etwa fünfzig bis siebzig Rupien pro Nacht aufgestellt wird. Noch billiger ist es, wenn das *tscharpoy* draußen auf die Gasse geschoben wird. Das sehen Sie überall.»

«Und wie lange bleiben die Festbesucher zumeist?», frage ich.

«Viele Pilger kommen für fünf oder sieben Tage, andere für zehn, manche bleiben länger, einige reisen nur für einen Tag an. Die wichtigsten Zeremonien finden aber innerhalb von drei Tagen im Mausoleum von Lal Schahbas, in seiner *darbaar,* statt. Morgen ist der erste offizielle Tag.»

«Sie stammen von hier, aus dem Sindh, wie ich sehe. Welche Bevölkerungsgruppen leben denn in Sehwan?»

«Hier in der Chud Mohalla leben vor allem Tschannas. Wie die Soomros, Sammas, Solangis und Abros sind wir Sindhis. Dann leben natürlich verschiedene Belutsch-Gruppen in Sehwan und noch vier oder fünf Hindu-Familien, alle übrigen Hindus sind bei der Abspaltung Pakistans von Indien 1947 ausgewandert. Außerdem Paschtunen und die Kaste der Mallas, also Fischer.»

Zu Hause hatte ich gelesen, dass Sehwan gegen Ende des neunzehnten Jahrhunderts nur viertausendsechshundert Einwohner hatte, etwa zur Hälfte Muslime und Hindus. Sehwan gilt als die älteste bis heute besiedelte Stadt Pakistans, von seiner geografischen Lage am Indus her das historische Eingangstor zum unteren Sindh, einem Schmelztiegel verschiedenster Stammesgruppen. Seit dem Mittelalter war Sehwan bekannt für den Handel mit Wolle, Baumwolle, Indigo und Weizen sowie Tabak und Opium. Bis heute kommt der beste Weizen der Provinz Sindh von hier. Sehwan hält aber noch einen weiteren Rekord: Neben Jacobabad ist Sehwan als der heißeste Ort in der Provinz Sindh bekannt, mit Temperaturen von bis zu fünfzig Grad Celsius.

Es ist später Nachmittag geworden. Widerstrebend rüste ich mich zum Aufbruch aus der Ruheoase des Gemischtwarenladens mit seinem sympathischen, auskunftsfreudigen Besitzer. Baschir erklärt mir beim Abschied noch den Weg zum Schrein des Qalandar, wohin es nun nicht mehr weit ist. Dennoch dauert es geraume Zeit, bis ich mich schließlich durch die Massen der Pilger zum Haupteingang vorgearbeitet habe. Dort deponiere ich meine Sandalen.

Nach mehreren Anläufen gelingt es mir, in das Innere, das *sanctum sanctorum*, zu gelangen – unter Ellbogeneinsatz und mit vorgestreckter Brust, um mich der Wucht der brachial herein- und herausstürmenden Männer entgegenstemmen zu können. Der Tumult ist beängstigend und kein Vergleich zu dem Drängen am Grab von Imam Resa in Maschhad, das ich im letzten Jahr besucht hatte. Obwohl auch dort unbändiges Gedränge geherrscht hatte, war es mir unter Krafteinsatz möglich gewesen, zum silbernen Gitter vorzudringen, an dem es einzelne Fromme sogar schafften, inmitten des Stoßens und Schiebens Bindfäden und Vorhängeschlösser anzubringen. Hier jedoch ein tosender Strudel von Leibern, umhüllt von intensivem Rosenduft! Wer trotzdem versucht, ehrfürchtig die Schwelle des Heiligtums zu berühren und die Türlaibung zu küssen, wird von den Nachdrängenden schier umgerissen. An die Wand gepresst, spreche ich zu Ehren des Qalandar die erste Sure des Korans und bitte ihn, für meine Sicherheit in Sehwan zu sorgen.

Durch meine jahrzehntelangen Studien über den Sufismus bin ich mit der Lebensgeschichte des Heiligen vertraut. Nun stehe ich vor seinem Grab, das sich in der Mitte des oktogonalen Kuppelraums befindet, unter einem prächtig geschmückten, mit Silberblech ummantelten Baldachin. Sein bürgerlicher Name lautete Usman Marwandi. Geboren wurde er im Jahre 1178 unserer Zeitrechnung in Marwand, einem Ort nordwestlich von Täbris in Aserbaidschan, gestorben ist er hier, in Sehwan, im Jahre 1274. Sein Vater Sayyid Ibrahim Kabiruddin stammte aus dem Irak und führte seine Abstammung auf Ismail, den zweitgeborenen Sohn des sechsten schiitischen Imams Dschafar as-Sadiq zurück. Bereits im Alter von sieben Jahren soll Usman den Koran auswendig gekonnt haben. Als junger Mann reiste er aus dem nordwestlichen Iran in Richtung Osten nach Maschhad in der Landschaft Khorassan, der Wiege der Qalandar-Bewegung, deren bedeutendster Vertreter er werden sollte, und dann wieder weit zurück in den Westen nach Baghdad und von dort nach Mekka und Medina. Während seines Aufenthaltes in Kerbela, wo er das Grab des Prophetenenkels Hussain gehütet haben soll, wurde er in die Qalandar-Bruderschaft initiiert. Er lebte streng zölibatär. Schließlich wanderte er aus dem Iran in östlicher Richtung über Makran in den Süden des heutigen Pakistans und weiter nördlich in das Fünfstromland bis nach Multan, das damals zu Sindh gehörte. Von dort soll er der Überlieferung nach den Ort Adschmer Scharif in Radschasthan, das paradiesische Kaschmir-Tal und die Stadt Peschawar in der Nähe des Khyber-Passes besucht haben.

Aber Usman gehörte nicht zu dem Typus des Sufi-Heiligen, der sich in imperialen Städten wie Lahore oder Delhi niedergelassen hätte. Er wandte sich wieder nach Süden in den Sindh und zog im Jahre 1251 mit einer großen Gefolgschaft in Sehwan ein. Die lokalen Machthaber und religiösen Führer sandten dem am Ortsrand Wartenden, dem der Ruf eines bedeutenden heiligen Mannes vorausgeeilt war, eine Trinkschale, die bis zum Rand übervoll mit Milch gefüllt war. Eine deutliche Geste, dass man in Sehwan bereits genügend Heilige und Fakire beherberge und er weiterziehen solle. Der Qalandar jedoch nahm nur eine Blüte und ließ sie auf der Milch schwimmen. So gab er die Schale zurück als Zeichen, dass genügend Platz für ihn sei und er wie eine Blume unter den Sehwanis bleiben würde.

In den persischen Ghaselen, die Usman dichtete, zeigt er sich als Freund des berühmten Ekstatikers Mansur al-Halladsch, der dreihundert Jahre zuvor den Sindh besucht hatte, und von dem es heißt, dass er noch in seinen Fesseln tanzte, bevor er am Galgen hingerichtet wurde. In ähnlichem Geist singt auch der von Gott berauschte Qalandar in seinen Versen:

Ich brenne erfüllt von der göttlichen Liebe
in jedem Augenblick.
In einem Moment rolle ich mich im Staub,
im anderen tanze ich auf Dornen.
Komm, o Geliebter!

Gib mir Leidenschaft für die Musik.
Ich tanze öffentlich auf dem Marktplatz
in der Ekstase der Vereinigung.
In Seiner Liebe wurde ich wegen des Tanzens
ein Verrufener, aber, o Frommer,
ich kümmere mich nicht um diesen schlechten Ruf
um Deinetwegen, und ich tanze vor allen.
Auch wenn mich die Welt einen Bettler nennt,
weil ich tanze,
trage ich ein Geheimnis in meinem Herzen,
das mich drängt zu tanzen.
Äußere Formen und Etikette bedeuten mir nichts,
ob in dem Mantel eines Sufi
oder umgürtet mit der heiligen Schnur eines Yogi,
ich tanze in jeder Form.

So erreichte der Qalandar-Heilige im Wirbeltanz den Zustand *visaal* – die mystische Verschmelzung mit Gott, das ‹Entwerden›, im Arabischen auch *fana fi Allah* genannt. Und Tanz ist bis heute die Dankesgabe seiner Anhänger und der Pilger. Der Trancetanz *dhamaal* sei wie ein Gebet an Lal Schahbas, hatte Arif Sain bemerkt. Dazu passt, dass das Grab des Qalandar nach lokaler Überlieferung über einem shivaitischen Tempel errichtet worden sein soll. Sehwan hieß früher ‹Siwistan› – ‹Ort des Shiva›, des Hindu-Gottes, der in der indischen Mythologie für seinen kosmischen Tanz, aber auch für sinnliche Ausschweifungen bekannt ist.

Die Ästhetik des Raumes und vor allem der Grabstätte werde ich erst Jahre später, bei einem längeren Aufenthalt im Herbst 2007, in Ruhe in Augenschein nehmen können: die mit paradiesischen Blütenmeeren bemalten Wände, den roten, mit edelsteinbesetzten Agraffen verzierten Federbusch auf dem Turban, der die Kopfseite des Grabes markiert, und die Vielzahl der kostbar bestickten roten Grabtücher. An normalen Tagen benetzen die Pilger hier ihre Lippen und ihre Stirn mit heiligem Lampenöl. Sie gießen von oben Wasser in den herzförmigen, in Silber gefassten Stein, der am Baldachin befestigt ist, und fangen die unten wieder heraustropfende segensreiche Flüssigkeit in Flaschen auf. Doch nun, in diesem beängstigenden Gedränge, ist an solche Rituale nicht zu denken. Während ich jetzt an der Wand mühsam meinen Standplatz zu halten suche, klettern einzelne junge Männer über die grünen Spendenboxen kühn am marmornen Grabgitter hinauf, um selbst den Stein und das Grabtuch zu berühren, um Votivtücher und Blütengirlanden abzulegen oder gar einen Säugling über die Köpfe der Menschen hinwegzuheben und ihn mit dem herzförmigen Stein in Berührung zu bringen. Polizisten versuchen, sie mit Schlagstöcken daran zu hindern.

Der Stein soll der Überlieferung nach auf den schiitischen Imam Sain ul-Abidin zurückgehen, der gezwungen wurde, ihn auf dem Fußmarsch von Kerbela nach Damaskus um den Hals zu tragen. So konnte er nur in gebückter Haltung gehen. Lal Schahbas erhielt diesen Stein als Reliquie von seinem Großvater und trug ihn zeit seines Lebens als Zeichen der Demut: Oft band er sich den schweren Stein auf den Nacken, so dass sein Kopf nach vorne auf die Brust gedrückt wurde. Der Qalandar war mithin ein großer Asket! Fromme Legenden berichten, dass er ein Jahr lang über einem lodernden Feuer in einem großen Kessel gesessen habe und dabei unverletzt geblieben sei – nur sein Gewand habe sich rot gefärbt. Einer anderen Version zufolge soll ihn ein berühmter Asket herausgefordert haben, in einem Kessel mit kochendheißem Sesamöl zu baden und davon auch zu trinken. Diese Feuerprobe, die er natürlich bestand, ohne Schaden zu nehmen, ähnelt der der drei Juden, die – wie es im Buch Daniel des Alten Testaments heißt – von König Nebukadnezar in einen riesigen, glühenden Ofen geworfen wurden, aber darin unversehrt herumgingen. Usman Marwandi konnte die Hitze nichts anhaben, als Herr über das Feuer erhielt er den Ehrennamen *Lal* – ‹der Rote›.

In der muslimischen Welt wird Usman Marwandi nur *Lal Schahbas,* ‹Roter Königsfalke›, genannt. Denn einst soll er die Gestalt eines Raubvogels angenommen haben, um seinen Freund Scheich Sadruddin Arif aus den Händen eines ungläubigen Herrschers zu befreien. Die vielen Hindus, die an der Sehwan-*mela* teilnehmen, verehren den Heiligen dagegen als Inkarnation von Bhartrhari, einen Yogi der shivaitischen Nath-Bewegung. So durchdringen und überlappen sich bis heute mehrere religiöse Traditionen; Muslime und Hindus teilen sich die heilige Zeit und den heiligen Raum. Das Sakrale kennt keine Grenzen!

Von den unbändig hereinströmenden Pilgern weiter in eine Nische in der Wand gepresst, überkommt mich die Angst, von diesem infernalischen Strudel religiöser Inbrunst zermalmt zu werden. Hoffentlich hilft mein Bittgebet! Schrille Anrufungen an den Heiligen, Schreie des Verzückens, die laut surrenden Wandventilatoren und der unaufhörlich mit einem Holzhammer geschlagene Gong im Vestibül des Schreins schaffen unter der Kuppel eine tosende Klangkulisse. Eine geringfügige Lücke nutzend, löse ich mich irgendwann von der Wand und lasse mich von dem Sog der Pilger einigermaßen unbeschadet nach draußen tragen.

Erschöpft und hungrig nach einem langen Tag und einer Nacht im Zug mit wenig Schlaf finde ich an einer Straßenecke unweit der *darbaar* ein Restaurant, es heißt *Dschaan Belutsch* und gefällt mir wegen seiner grünen Säulen und der offenen Zugangsseite zum Basar. Hoch oben an der Wand entziffere ich die kalligrafisch gestalteten Buchstaben eines persischen Schriftzuges, der so viel besagt wie: «Ich bin der berauschte Qalandar, ich bin der Diener Alis, ‹der gebilligt ist›.» Auf der anderen Wand steht: «Gott ist der beste Speisengeber.» Über dem kanzelförmigen Sitz des Kassierers hängt eine Miniaturwiege, in der ein Koranexemplar liegt – hier fühle ich mich gut aufgehoben. Ich bestelle einfaches *daalroti,* Linsen mit Brot.

Es wird dunkel. Obwohl mittlerweile sehr müde, zieht mich der offene Hof vor dem westlichen Eingang des Schreins magnetisch an. Es scheint ein Raum zu sein, in dem ohne Unterbrechung *dhamaal* getanzt wird. An eine Mauer gelehnt, kann ich das Geschehen recht gut verfolgen. Der Hof pulsiert durch den hypnotischen Rhythmus der großen Trommeln mit ihrem kräftigen, wuchtigen Klang. Mehrere Gruppen von Trommlern spielen für die Tänzer auf, die in Ekstase geraten. Alle sind barfuß. Hatte der barfüßige Arif Sain heute Mittag nicht noch zu mir gesagt, dass Gott den Erdboden wie einen Teppich für die Menschen ausgebreitet habe? Wozu also Schuhe!

Die Tanzenden im Hof sind nicht nach Geschlechtern getrennt. Die meisten Tänzer sind allerdings Männer. In Gruppen von etwa zwanzig bis vierzig Personen bewegen sie sich in unterschiedlicher Intensität, aber weitgehend synchron und eng beieinander, die Gesichter zum Grab des Qalandar gerichtet, mit erhobenen, abgewinkelten Armen. Manche stampfen rhythmisch mit den Füßen, andere heben sie nur wenig an, wieder andere trippeln mit kurzen Schritten vor und zurück. Einige werfen ihren Kopf ekstatisch hin und her, viele lassen ihn dem Takt der *dhol*-Trommel folgend kreisen. Mir kommt die Formulierung «gezügelte Zügellosigkeit» in den Sinn, die ich in einem ethnologischen Fachbuch gelesen hatte. Doch sind einige Tänzer dabei, die sich geradezu wild, rasend und fiebrig gebärden, sie brechen die Ordnung auf durch ihre abrupten Sprünge in die Luft. Dazwischen schwarzgekleidete, kahl rasierte Derwische, die ihr Blashorn hoch in die Luft recken oder auch ihre hölzernen Keulen, mit denen sie bei der Zubereitung von Rauschmitteln im Mörser Hanf zerstoßen. Ist *dhamaal*, dieser Trancetanz par excellence, der wörtlich nur ‹Lärm› bedeutet, nicht vor allem auch auf die Wirkung von Haschisch und Opium zurückzuführen, die in Sehwan an jeder Ecke konsumiert werden? Ich frage den schlaksigen jungen Kerl, der neben mir steht, was er dazu denkt.

«Sehen Sie, *dhamaal* ist totale Hingabe an den Qalandar!», meint er. «Aber mein *murschid*, mein Sufi-Lehrmeister, hat gesagt, dass *dhamaal* auch ein Ausdruck sei für das Leiden des Imam Sain ul-Abidin.»
«*Paki baat* – ist das wahr? Aber kann man das dann überhaupt noch ‹Tanz› nennen?»
Er schaut mich an, zweifelnd, prüfend. «Sind Sie Journalist?»
«Nein, nein, es interessiert mich nur. Kulturelle Dinge überhaupt – ich bin Wissenschaftler und arbeite in einem Museum.»
«In einem ‹Wunderhaus›, so wie in Lahore?»
Ich nicke zustimmend.
«Aus welchem Land kommen Sie denn?», fragt er weiter.

So nimmt das Gespräch eine andere Wendung, springt hin und her zwischen Pakistan and Deutschland, zwischen der Lebenswelt eines jungen, siebzehnjährigen Schiiten aus dem nördlichen Sindh und der eines nicht mehr ganz so jungen pakistanisierten Deutschen. Nach der obligatorischen Frage: «Sind Sie Muslim?», finde ich irgendwann den Faden zurück zum Tanz und zur Frage nach dem Wort *raqs*, das ‹Tanz› bedeutet. Wegen der lauten Trommelschläge mit ihren sich überschneidenden Rhythmen, des summenden Stimmengewirrs und der Enge der zusammenstehenden Zuschauer sind unsere Gesichter nur Zentimeter voneinander entfernt. Nun sieht Kerbelai, wie er sich inzwischen vorgestellt hat, mir unmittelbar ins Gesicht, zieht seine Augenbrauen leicht hoch und raunt:

«*Raqs* machen doch Prostituierte, Tanzmädchen. *Dhamaal* aber ist ein Ausdruck von *haal* oder *masti*. Manche, die *dhamaal* tanzen, sagen, dass sie dabei Engel sehen würden. Verstehen Sie?»
Ja, ich glaube schon, es geht um körperliche Ausdrucksformen von Trance- und Rauschzuständen; die Begriffe sind mir bekannt. *Haal* ist ein Gnadenzustand, der sich in intensiver körperlicher Ekstase zeigen kann, und *masti* bedeutet einfach ‹Rausch›. Ausdrucksformen davon habe ich vielfach an Heiligenschreinen im Pandschab und in Indien beobachtet. Tanz im

weltlichen Sinne, also *raqs*, ist aber – wie Musik – im Islam absolut verpönt, von orthodoxen Schriftgelehrten wie von konservativen Sufis sogar verboten, weil er mit sinnlichen Vergnügungen, mit Weintrinken und Sexualität assoziiert wird. Islamisten hassen Musik und Tanz, beides sei vom Satan geschickt und daher zu verdammen. Nicht von ungefähr gab es in letzter Zeit Bombenattentate und Schießereien bei Hochzeitsfeiern und auch bei Heiligenfesten. Der Islamwissenschaftler Johann Christoph Bürgel hat vor einigen Jahren noch vorsichtig vom islamischen «Argwohn gegenüber der Mächtigkeit der Musik» gesprochen. In Pakistan hat sich inzwischen eine noch dunklere, kritischere Seite gezeigt, doch gab und gibt es immer noch viele der Mystik nahestehende Muslime, die spirituelle Musik als «Nahrung für die Seele» oder als «Wasser für trockenen Weizen» erleben, als Schlüssel zu den Türen des Paradieses. Nun, wie ich Kerbelai verstehe, ist Sehwan der Ort par excellence für *dhamaal* als Brücke zum Jenseits, als Erfahrungsraum, in dem Leib und Seele ineinanderfließen, nicht aber für *raqs* im Sinne eines Tanzes, in dem sich pure Lebensfreude ausdrückt. Oder geht hier manchmal doch das eine in das andere über? Frauen dürfen ja in der islamischen Welt sonst nur für Frauen tanzen, immer getrennt von den Männern und nie in der Öffentlichkeit. Deshalb ist es so unglaublich, was hier geschieht. Ausdruck einer Gegenkultur und einer utopischen Freiheit für Frauen in Pakistan?

«Die Tänzerinnen dort drüben, die Kopf und Oberkörper mit einem Tuch bedeckt haben», ich deute auf einige Frauen mittleren Alters direkt vor dem Schreinportal, «tanzen sie für den Qalandar wegen eines besonderen Anliegens?»

«Die sehen aus wie *ghar-walis*», erklärt mir Kerbelai.

Den Begriff habe ich gehört. Er bedeutet ‹Bewohnerinnen des Hauses› und bezeichnet verheiratete ehrbare Frauen, deren Platz die eigenen vier Wände sind, die ihre Männer als ‹Königreich der Frauen› bezeichnen.

«Sie wünschen sich die Geburt eines Sohnes», weiß Kerbelai. «Denn *dhamaal* während des Heiligenfestes zu tanzen, gilt als besonders fruchtbarkeitsfördernd. Aber machen Sie nur die Augen auf, in Sehwan sehen Sie die schönsten Frauen, da zum Beispiel!», fügt er hinzu und zeigt hinunter in eine Ecke des Hofes. «Wie die Jungfrauen im Paradies, nicht nur *spicy*, sondern auch *dschaduu* – magisch!»

Einige ausnehmend hübsche Mädchen sitzen auf dem Boden, daneben zwei ältere Frauen. Ihre schwarzen Haare tragen sie offen. In ihrer Nähe tanzen mehrere Frauen mit weiten, ausladenden Bewegungen ihrer Arme, sich drehend, kreisend, andere impulsiv und wild. Dem Rhythmus der *dhol* folgend tanzen sie vor und zurück und von rechts nach links, biegen und schwingen ihren Körper mit weichen, anmutigen Bewegungen. Sie wenden sich mit Leidenschaft dem Qalandar zu, ohne Rücksicht auf das sonst geltende gesellschaftlich angemessene Verhalten in der Öffentlichkeit. Ich beobachte eine junge Frau in taubenblauem Gewand, die auf dem Boden sitzt. Die zusammengelegten Hände hält sie in Richtung Heiligengrab in einer Geste des Bittens. Dann löst sie ihr geflochtenes Haar und beginnt mit dem Kopf zu kreisen, sich langsam steigernd, beugt ihren Oberkörper nach vorne, stützt ihre Arme auf dem Boden ab und wirbelt schließlich, wobei ihre rückenlangen Haare wie ein Ventilator rotieren. Dann kniet sie sich hin und wirbelt weiter in Raserei, keucht, schreit, kreischt, «kehrt» mit ihrem Haar den Boden des Hofes. Ihr Tanz scheint wirklich eine Opfergabe an den Qalandar zu sein. Auf dem Höhepunkt der Trance, anscheinend völlig außer sich, springt sie abrupt hoch, will mit dem Kopf auf den Boden schlagen und kann gerade noch zurückgehalten werden. Mit einem Mal fällt sie kataleptisch zu Boden, schweißüberströmt, bleibt minutenlang schwer atmend liegen und wird schließlich von einer Frau und einem Mann völlig ermattet weggeführt.

Der visuelle Eindruck dieser sinnlichen und rauschhaften Devotion am Schrein ist überwältigend, hält mich gefangen, macht mich sprachlos. Nach Deutungen werde ich später suchen müssen. Frauen, die in ähnlicher Weise in Ekstase fielen und sich von einem *dschinn,* einem Geistwesen oder Dämon, besessen glaubten, habe ich früher gelegentlich an muslimischen Heiligtümern in Indien gesehen, in Adschmer, Dschodhpur und auch in Benares. Dort galt die Ekstase in erster Linie der Austreibung des *dschinn.* Dient *dhamaal* auch hier zur Heilung? Wird durch die Präsenz und Macht des Qalandar ein übelwollender Geist ausgetrieben? Kämpft der Geist des Heiligen im Körper dieser Frauen mit einem Dämon?

Die Vorstellung von Besessenheit könnte ein Aspekt der Theatralik sein, die sich gerade bei den Frauen im Hof abspielt. Aber dies ist wohl nur eine Möglichkeit der Interpretation, denn einige Meter entfernt tanzen mehrere junge Frauen mit gelösten Bewegungen, teils einander gegenüberstehend. Ein Begleiter der Trommler, der eine Rassel schüttelt, geht und sammelt von den umstehenden Gaffern Geld ein. Daher könnte es sich bei diesen Tänzerinnen um professionelle Tanzmädchen handeln, *natsch-walis.* Um besser zu sehen, möchte ich näher am Geschehen sein. Kerbelai verabschiedet sich, er will zurück zu seinen Freunden ins Gästehaus Imdad Ali Schahs. Ich winde mich an den sich voranschiebenden Menschen vorbei und zwänge mich zum Eingang des Hofes, streife meine Sandalen ab und deponiere sie Sohle an Sohle in einer Ecke am Boden. Dann mische ich mich unter die Tänzer und Zuschauer. Es riecht intensiv nach glimmenden Räucherstäbchen und versprengtem Rosenwasser.

In der Gruppe der *natsch-walis* tanzt eine kupferhäutige Frau mit feinen Gesichtszügen und halblangen schwarzen Haaren, vielleicht zwanzig Jahre alt, um die sich ein eigener Halbkreis von Männern gebildet hat. Sie trägt ein tailliert geschnittenes Hemd, wie die Hose safrangelb, die roten Ärmelborten goldbestickt, dazu goldene Ohrringe und ein locker um die Schultern geworfenes grünes Tuch. Ihr Körper mit wohlgerundeten, sehr weiblichen Formen entspricht dem Schönheitsideal der Pandschabis und Paschtunen, wie man es von den Schauspielerinnen kennt, die auf den riesigen grellbunten *cinema billboards* überlebensgroß abgebildet sind. Ich muss schmunzeln bei der Erinnerung an einen Freund in Lahore, dessen Augen sich regelmäßig verklärten, wenn er schwärmerisch, langsam und wie mit Zucker auf den Lippen die englische Umschreibung *buxom body* aussprach.

Die Safrangelbe tanzt, indem sie im Pandschabi-*filmi*-Stil durch ihre Bewegungen Busen und Hüften betont, ihre goldenen Armreifen klirren hell dazu, der Boden staubt unter dem Stampfen ihrer Füße. Dann wieder wiegt sie sich sanft und weich, biegt sich tief in den Rücken hinunter, dabei die Wölbung ihrer vollen Brüste hervorhebend, den Kopf in den Nacken geworfen, ihren Mund leicht geöffnet. Mit den Füßen trippelt sie dabei wie eine Taube. Sie sprüht vor Sinnlichkeit und roher sexueller Kraft – die Männer starren wie gebannt und geben ihr bereitwillig Geldscheine, die sie sich in ihr Dekolleté steckt. Die Blicke, die auf ihr liegen, scheinen ihre tänzerische Energie noch zu erhöhen. Sie beginnt sich um ihre eigene Achse zu drehen, steigert sich zu einem Wirbeln. Die Trommler schirmen sie von Männern ab, die ihr zu nahe kommen wollen. Ein Tanz der Devotion, der verkauft wird wie eine *mudschra*, eine Tanzvorführung in einem Bordell? Oder fließt hier beides ineinander und mischt sich mit individueller Emotion? Im Rahmen eines hochkommerzialisierten Heiligenkultes wäre dies nicht verwunderlich.

Frauen, die in der Öffentlichkeit tanzen, werden hier generell zu Objekten männlichen Verlangens, reduziert auf ihre Körperlichkeit und Sexualität. Es sind Frauen, die in einer konservativen und zunehmend islamistisch orientierten muslimischen Gesellschaft außerhalb der etablierten moralischen Ordnung stehen. Man verachtet sie, hält sie für ehrlos, ihre Sexualität erscheint wild und ungezähmt. So gelten sie als warnendes Beispiel dafür, was geschieht, wenn Männer ihre Ehefrauen nicht kontrollieren, ihre Keuschheit nicht schützen und nicht darauf achten, dass sie sich sittsam bedecken und nur zwischen den vier Wänden des Hauses aufhalten.

Als die Safrangelbe mit den schönen kadschalumrandeten Augen sich schließlich von den Männern und Trommlern abwendet und erschöpft neben zwei ältere Frauen auf den Boden sinken lässt, nehme ich mir ein Herz und hocke mich – nicht ohne Scheu – neben sie. Zunächst bemerkt sie mich im Halbdunkel der Hofecke offenbar nicht, erschöpft hat sie sich nach vorne gebeugt, die Ellbogen auf die Knie gestützt, ihr schweißnasses Gesicht auf den Armen. Nach einer Weile spreche ich sie an: «*Dekhie bähindschi* – entschuldigen Sie, Schwester, darf ich Sie etwas fragen?»

Sie streicht sich einige ihrer langen schwarzen Locken aus dem Gesicht und sieht mich irritiert an, sagt jedoch nichts.

«Ihr *raqs* hat mir sehr gefallen, *kitni mast hai* – was für ein Rausch!»

Etwas Dämlicheres kommt mir nicht in den Sinn, doch wie soll ich ein Gespräch beginnen?

«Aber etwas vom Tanz der Bollywood-Filme war auch dabei oder nicht?», taste ich mich weiter vor. Wird sie ungehalten reagieren? Aber sie schaut nur abwesend vor sich hin. Ich versuche es anders: «Woher kommen Sie?»

«*Tschatscha*, Onkel, sag mir erst mal, wer du bist und von wo du herkommst? Dein Urdu hat so eine Färbung und deine Haut ist die von einem *gandomi*.»

Aha, sie sagt ‹Weizenfarbiger›, wenigstens nicht Weißer.

«Bist du Pathan oder Irani?», will sie wissen.

«Weder noch», antworte ich, «nicht aus Afghanistan und nicht aus dem Iran, ich bin in Deutschland geboren.»

«*Uncle*, wo liegt das, *Germany*? Wie viele Stunden entfernt mit dem Bus?»

«*Beti*, meine Tochter, das ist sehr weit entfernt, in Europa, ein kaltes Land, nirgendwo eine *darbaar*, kein *dhamaal*. Und wo kommst du her?», wiederhole ich meine Frage.

«Aus Karatschi, meine Großmutter ist in Delhi geboren, meine Mutter in Karatschi im Soldier's Basar. Kennst du das Viertel? Dort bin ich aufgewachsen. Seit meiner Kindheit nennen mich alle *Pili,* ‹die Gelbe›, weil ich gerne gelbe Kleider trage.»

«Pili, darf ich dich etwas fragen? Hast du Kathak-Tanz gelernt?»

«Ja, ein wenig. Meine Mutter war Schülerin von Meister Maharadsch Khatak, als wir eine Zeit lang in Lahore wohnten.»

«Und arbeitest du an der Napier Road, etwa im *Bulbul-e hasaar dastaan?*»

Das ist der klangvolle Name des berühmtesten Etablissements der Kurtisanen und Tänzerinnen in Karatschi, er bedeutet ‹Tausend Geschichten der Nachtigallen.› Mehr verärgert als verblüfft, versetzt sie mir als Antwort auf meine indiskrete Frage einen Schlag gegen die Schulter, ihre Augen blitzen: «Was weißt du schon? Ich arbeite im *Sangiit Mahal* und im *Nuur Mansion.* Aber in Sehwan tanze ich nur für den *maschuq-e haqiqi,* ihm diene ich!» Sie gebraucht den Ausdruck «wahrer Geliebter» für den Qalandar. «*Mast Qalandar, mast Qalandar,* verstehst du? Das ist *raqs-e bismil,* verstehst du?» Oh, sie verwendet einen so poetischen Ausdruck, nämlich den Tanz eines Vogels, dessen Körper zuckt, weil sein Kopf mit dem Ruf *Bismillah!* – Im Namen Gottes! – abgeschnitten worden ist. Der große Mystiker Mansur al-Halladsch, der im Jahre 905 unserer Zeitrechnung den Sindh besuchte, hat für die ekstatischen Bewegungen beim Tanz das Bild der konvulsivischen Todeszuckungen eines Gehängten gebraucht, der als Märtyrer göttlicher Liebe stirbt.

«Aber warum bezahlen dich die Männer dann?», werfe ich rasch ein, weil sie mir ihren sinnlichen Tanz zu überhöhen scheint.

«*Muraad puura karna,* die erfüllen sich ihre Wünsche dadurch und erhalten Segen. Und wir erfüllen mit *dhamaal* unsere Gelübde – wir Kandscharis, *natsch-walis, garvi-walis,* Malangnis – alle. Der Tanz ist eine Gabe an den Qalandar.» Sie zeigt auf eine ganz in Schwarz gekleidete Malangni, die von einer großen Gruppe von Männern umringt wird. Die Frau tanzt raumgreifend und stellt sich einer Kette von Männern, die sich durch die Menge schlängelt, bewusst in den Weg, hält sie auf. Eine andere Frau geht an der Reihe der Männer entlang und sammelt Geld ein. Später wird sie die Trommler auszahlen.

«Von dem Geld, das wir während des Jahres verdienen, spenden wir eine Menge für die *langar*», fügt Pili noch an. *Langar* bedeutet wörtlich ‹Anker› oder ‹dickes Seil› und bezeichnet die an den Heiligenschreinen unterhaltene Freiküche, die die Armen am Leben erhält.

«Wie oft kommst du nach Sehwan?», frage ich sie.

«Wir fahren mehrmals im Jahr von Karatschi hierhin und bleiben ein paar Tage. Wir danken Qalandar Pak für seine Hilfe und bitten ihn um Verzeihung für unsere Sünden. Wer ist überhaupt dein *piir*?»

Ich zögere mit einer Antwort. Noch habe ich mich nicht ernsthaft um die Aufnahme in einen Sufi-Orden bemüht.

«Bist du etwa *be-piir* – ohne einen Heiligen? Um Allahs willen, also fast ein Ungläubiger! Wie willst du das Dach eines Hauses erreichen, wenn du keine Leiter hast? Du solltest deine Hand einem *piir* reichen», entscheidet die dunkelhäutige Schönheit.

Zwei Männer mittleren Alters kommen eiligen Schrittes auf uns zu, zischen Pili etwas zu und runzeln die Stirn, als sie mich sehen. Es ist wohl an der Zeit, mich zurückzuziehen, ich murmele eine Abschiedsformel, suche meine Sandalen und verlasse den *dhamaal*-Hof.

Am Ende der Basargasse, die zur alten Zitadelle hochführt, ist von Bodla Bahars Grabmal her lautes rhythmisches Klatschen zu vernehmen, eher dumpf, jedenfalls kein Händeklatschen, eher an ein Peitschen erinnernd. Darin mischen sich die aus dem Trauermonat Muharram vertrauten Rufe an die beiden Enkel des Propheten: *ya Hassan, ya Hussain*. Es sind also schiitische Brustschläger, die sich im Gedenken an die Märtyrer selbst peinigen.

Ich habe dies öfter in Lahore und Karatschi gesehen und beschließe, den Besuch des Schreins Bodla Bahars auf morgen zu verschieben. Müde, erschöpft und kaum mehr aufnahmefähig kehre ich zurück zu Arif Sains *dera*. Der Schein zahlloser auf Häusern, Gesimsen und Gräbern aufgestellter Öllämpchen weist mir den Weg.

Fast alle Schlafplätze sind nun, gegen Mitternacht, belegt, und ich habe Mühe, neben einem Strauch ein Plätzchen zu finden, um mein Bettzeug auszurollen. Die Reisetasche dient als Kopfstütze, die kleine Schultertasche nehme ich mit unter die Decke, schlinge den Tragegurt um meinen Arm. Meine Schlafnachbarn kenne ich nur flüchtig, daher fühle ich mich nicht völlig sicher, von Diebstählen bei der *mela* hatte ich viel gehört. Doch meine Bedenken sollten sich als unbegründet herausstellen.

An Schlaf ist zunächst – auch wegen meines Verhaktseins im Gepäck – wenig zu denken. In dem dürren Gezweig neben mir knistert es. Könnte es sein, dass Skorpione einen Unterschlupf suchen? Ich beruhige mich mit dem Gedanken, dass mir in dieser Menschenmenge schon nichts passieren wird. Außerdem kriechen Skorpione vorzugsweise in Schuhe, nicht in Sandalen. Die reichen Eindrücke des Tages und der Reise ziehen vorüber, doch keimt auch die Befürchtung in mir, dass ich den Anstrengungen des Aufenthaltes nicht gewachsen sein könnte. Die Zugfahrt hat mich ausgelaugt, der Rhythmus der Körperfunktionen ist gestört. Natürlich könnte ich mich jederzeit in einen Bus setzen und in drei bis vier Stunden Karatschi erreichen und dort komfortabler bei Freunden wohnen. Aber ich weiß, wie mich dieses Scheitern verfolgen würde.

Fakire unterhalten sich mit gedämpften Stimmen am Feuer. Mein linker Schlafgenosse, dessen Arme und Beine sich gelegentlich mit meinen überkreuzen, schnarcht wie ein Traktor. Irgendwann schmiegt sich dann mein rechter Nachbar in seine Decke gehüllt an mich. Ich schiebe ihn sanft, aber entschieden zur Seite, ohne viel Erfolg, wie ich am Morgen feststellen werde. In der

Ferne steigen Feuerwerkskörper in den sternenübersäten Himmel, Böllerschläge krachen in der Nacht. Drüben am Heiligtum von Bodla Bahar drehen sich Leuchträder; einzelne Zelte in unserer Umgebung sind mit bunten Glühbirnen und blinkenden Lichtern ausgestattet. Die ganze Nacht hindurch hört man die ekstatischen Rufe *naare haidari, ya Ali*, den dumpfen Klang der Derwischblashörner und, alles dominierend, die Trommelrhythmen der *dhol-walas,* vermischt mit dem Sound der Rasseln und dem metallischen Klacken der *chimtas*, der Derwischinstrumente in Form von Feuerzangen. Von irgendwoher dringt das klägliche Jaulen eines Hundes, der offenbar von einem Stein getroffen wurde. Ich krame meine wächsernen Ohrstöpsel aus der Tasche. Zum Glück hatte ich daran gedacht, sie vorsorglich einzupacken. Die Festklänge dringen nun etwas gedämpfter an mein Ohr und schließlich finde ich Ruhe, wache jedoch immer wieder auf. Die mitgebrachte Decke erweist sich als entbehrlich, selbst nachts kühlt die Temperatur nur wenig ab.

Der erste Tag

Morgens ziehen in der Umgebung der alten Festung Tausende von Menschen zur Verrichtung ihrer Notdurft in Richtung Indus. Mit kleinen Fährbooten setzen sie über einen schmalen Seitenarm des Stroms auf eine langgestreckte, mit Gebüsch bewachsene Insel. An der Peripherie der Stadt hat man zudem vielerorts für die Zeit der *mela* primitive Latrinen errichtet: Über einfachen, aus dem ockerfarbenen Erdreich gehobenen Rinnen sind als notdürftiger Sichtschutz Jutesäcke zwischen Holzstangen gespannt und der Reihe nach in winzige Kompartimente geteilt, durch die der Wind streicht. Ich entscheide mich für einen Abort, der einige Meter von der Straße entfernt liegt, sammle ein paar Steinchen auf, ergreife eine der bereitstehenden schweren irdenen Wasserkannen und hocke mich in eine der kaminartigen Zellen. In der klaustrophobischen Enge kann man sich kaum drehen. Mühsam reinige ich mich mithilfe der Steinchen, etwas Erde und Wasser. Da man in Pakistan wie in anderen muslimischen Ländern auf die Verwendung von Klopapier verzichtet, gehören Latrinen – allerdings nur in dieser Beziehung – zu den wenigen umweltfreundlichen Örtlichkeiten im Lande. Jeder Deutsche konsumiert dagegen im Durchschnitt mehr als einen Kilometer Toilettenpapier pro Jahr. Wo sollte Pakistan die Unmengen von Tonnen Papier hernehmen, um solche Bedürfnisse zu erfüllen? Dem jungen Hüter der Wasserkannen gebe ich nach Verlassen des Jutezeltes eine Rupie.

Beim *dera* hocke ich mich neben einen Blecheimer, putze mir die Zähne und bemühe mich, mir mit dem Wasser aus meiner Trinkflasche ein wenig das Gesicht zu reinigen. Nach dieser Katzenwäsche mache ich mich auf zu einem Streifzug durch Sehwan. Mich interessieren die Alltagsaspekte der Wallfahrt, die Kommunikation der *Saayeriin* untereinander und die rauschhaften Rituale, von denen ich zuvor schon so viel gehört hatte. Zunächst liegt die Grabstätte Bodla Bahars am Weg, die ich in der vergangenen

Nacht nur aus der Ferne gesehen hatte. Das überkuppelte, aus roten Ziegeln errichtete Grabmal mit den großen Glocken am Hofeingang befindet sich im alten Hindu-Viertel von Sehwan. Der Asket Bodla Bahar, der mit seinem langen Bart die schmutzigen Gassen der Stadt gefegt haben soll, hat der Überlieferung nach hier schon vor der Ankunft von Lal Schahbas gelebt. Er wurde zu seinem treuesten Schüler und Diener. Ich erinnere mich an die Legende, die Mudschtaba auf der Hinfahrt im Zug erwähnt hat, doch erzählte mir Arif Sain heute Morgen beim Tee eine etwas andere Version. Danach heißt es, dass der Heilige den langbärtigen Bodla eines Tages aufforderte, im Basar Fleisch zu kaufen. Da dieser kein Geld hatte und auch nichts bei sich trug, was er sonst hätte eintauschen können, ging er zum Metzger Anud und befahl ihm, seinen Körper in Stücke zu schneiden und auf dem Markt zu verkaufen. Vom Erlös solle Anud gutes Lammfleisch kaufen und dem Qalandar senden. Anud tat, wie ihm geheißen. Weil Bodla nicht zurückkam, machte sich sein Meister schließlich auf, lief durch die Gassen und rief: «Bodla! Bodla!» Als er erfuhr, dass sich sein geliebter Schüler hatte schlachten lassen, wurde er untröstlich, sammelte die einzelnen Teile Bodlas ein, fügte den zerstückelten Körper zusammen und belebte ihn neu.

Dieses Motiv des Selbstopfers mit dem anschließenden Wunder der Wiedererweckung zum Leben ist sowohl im Schamanismus bekannt als auch im Buddhismus und Christentum. Möglicherweise wurde es in Sehwan durch den Kontakt mit Buddhisten und später durch islamische Heiligenverehrung nur überprägt und ist eigentlich noch älteren Ursprungs. Jedenfalls könnte der Name Bodla Bahar – in der Sindhi-Sprache bedeutet dies so viel wie ‹Unschuldiger Frühling› – auch auf das Weltbild früher Kulturen hinweisen, in deren Mythen berichtet wird, wie aus den zerstückelten Körperteilen einer Gottheit fruchtbare Pflanzen entstehen. Solche Überlieferungen gibt es auch im indisch-iranischen Raum. Jedenfalls bildet die fromme Wundererzählung über den Gehorsam Bodlas und die tiefe Zuneigung zwischen

Meister und Schüler den Hintergrund für die Darstellung der zwei Heiligen auf populären Postern, wie sie in Sehwan vielerorts auf dem Basar verkauft werden.

Heute Morgen sind wiederum schiitische Brustschläger am Schrein, die nach dem Besuch des Grabes in dem kleinen Innenhof Aufstellung nehmen und mit ihren Flagellationen beginnen. Barfüßig, barhäuptig, nur mit einer weiten Hose in schwarzer Trauerfarbe bekleidet, schlagen sie sich auf den bloßen Oberkörper, abwechselnd mit der rechten und linken Hand. Im Rhythmus der Rufe *ya Hassan, ya Hussain* und *ya Hussain, Schah Hussain* sich steigernd, klatschen die Hände mit großer Wucht von oben – mit ausgestreckten, dann erst angewinkelten Armen – herunter. Bei manchen hat sich die wunde Brusthaut abgeschält, neue rosafarbene Haut kommt zum Vorschein. Die Rücken der Männer sind überzogen mit Narben von extremeren Formen der Geißelung – ‹Ornamente des Schmerzes› oder ‹Wunden der Devotion› könnte man sie nennen. Es sind auch Zeichen der Identifikation mit der schiitischen Glaubensrichtung. Je stärker sich die Büßer schlagen und geißeln, je mehr Blut sie für den Märtyrer Hussain vergießen, desto größer ihr religiöses Verdienst. Dem schiitischen Geschichtsbild entsprechend befreit dieses rituelle, ekstatische Trauern von Sünden.

Der Auftritt der Männergilde hier im Hof – und, wie ich in den nächsten Tagen sehen werde, auch an anderen Plätzen in Sehwan – ist nicht nur ein Akt gemeinsamer Frömmigkeit der Zwölfer-Schiiten, sondern auch eine machtvolle und demonstrative Besetzung des öffentlichen Raumes. So soll verdeutlicht werden, dass Bodla Bahar und Lal Schahbas schiitische Heilige seien. Im Zentrum schiitischer Spiritualität steht das Gedenken an Hussain, den Enkel des Propheten und Sohn Alis, der in der Wüste bei Kerbela den Märtyrertod fand. Dies geschah am zehnten Tag des Monats Muharram im Jahr 61 des islamischen Mondkalenders, das dem Jahre 680 unserer Zeitrechnung entspricht. Hussain starb im Kampf gegen die übermächtige Armee des grausamen sunnitischen Kalifen Yasid. Noch beim Abschlagen seines Kopfes soll er gebetet haben. Für seinen Opfertod wird er von Gott geliebt, heißt es. Daher dient dieser dritte Imam der Schiiten als Vermittler zwischen Gott und den Menschen. *Live like Ali, die like Hussain* heißt der Slogan, der in Sehwan auf Hauswänden zu lesen ist. Mein Freund Asif Saidi, mit dem ich im Vorjahr die Muharram-Feierlichkeiten in der Altstadt von Lahore erlebt habe, hatte es so formuliert: «Wer Tränen für Hussain vergießt, der erleichtert sein eigenes Los!» Je mehr man weint und sich schlägt, desto höher steigt man in der Gunst des Heiligen Imam und desto mehr Wünsche erfüllt er dem Demütigen. Die Männer, die sich immer noch im Hof Bodla Bahars schlagen, identifizieren sich mit dem Leiden Hussains und kondolieren ihm und den anderen schiitischen Märtyrern durch ihr Bußritual.

An die Hofmauer gelehnt, warte ich, bis die Brustschläger ihren Ritus beendet haben. Erschöpft trinken sie nun Wasser und rufen vor jedem Schluck: «Es lebe Hussain!» Ich spreche einen der älteren unter ihnen an, einen kräftigen Mann mit mächtigem Schnurrbart, der wie der persische Sagenheld Rustam aussieht, und frage ihn, wie oft sie sich pro Tag in Sehwan schlügen und geißelten.

«Fünf Mal», erwidert er, «an verschiedenen Plätzen im Ort, dazwischen gehen wir in unser Versammlungshaus, in dem wir Gäste der Sehwaner Schiiten sind.»

«Kommt ihr aus dem Pandschab?»

«Ja, aus Lahore, unser ‹Kreis von Trauernden› gehört zu Bawa Sada Hussain, wir sind seine Schüler.»

Von Bawa Sada Hussain, einem sehr konservativen schiitischen Würdenträger, hatte ich bereits gehört. Mit iranischem Geld errichtete er einen großen Gebäudekomplex mit Moschee und Versammlungshaus in Begamkot, einem Stadtteil von Lahore. Früher war er Polizist gewesen, doch vor etwa vierzig Jahren hatte er begonnen, das Leben eines schiitischen Derwischs zu führen.

Von Bodla Bahars Schrein aus lasse ich mich nun treiben, hinunter mäandernd in Richtung der *darbaar* des Qalandar. In den Gassen im ununterbrochenen Geschiebe der Pilger begegnen mir immer wieder Prozessionen – Männer und Frauen, die mit Koranversen und frommen Anrufungen bedruckte und bestickte Tücher und Körbe mit Blumen und Süßigkeiten zum Grab bringen. Meist gehen die Frauen voran, tanzen und singen devotionale Hymnen, die Männer tragen ein rechteckiges Grabtuch und sammeln von den Vorübergehenden darin Rupienscheine und Rosenblüten ein. Bei größeren Verwandtschaftsgruppen oder Bruderschaften sind oft mehrere Tücher aneinandergebunden. Einige schwenken rote, bestickte Fahnen. Männer tanzen dabei, teils auf einem Bein hüpfend, rückwärts gewandt, mit Blick auf das Grabtuch, oder beugen sich über ihre Trommel. Zwei blinde Bettler halten sich aneinander fest, der vordere führt sie mithilfe eines Stocks. Dabei spielt er noch Flöte, und der hintere ruft beständig: «*Maula Ali de nam par, Maula Hussain de nam par* – Im Namen Alis und Hussains!»

An einer anderen Ecke steht ein Bettler, der unaufhörlich *Allah, Allah* murmelt. Eine Bettlerin in zerschlissenem Gewand dankt für die Münzen, die ich ihr gebe: «Allah wird deinen Wunsch erfüllen!» Etwas außerhalb des Basars hinkt ein völlig abgemagerter Esel wie ein Fakir die Gasse entlang – er schleift ein Hinterbein hinter sich her, der Huf ist sichelförmig gewachsen, so dass das Tier nur humpeln kann. Häufig begegnet man ganz in Rot gekleideten Derwischen, den «Schülern» von Bodla Bahar, die sonst im Land auch als Malangs und Fakire des Roten Falken Lal Schahbas Qalandar bekannt sind. Manche tragen Glocken um ihre Gürtel, Tanzrasseln um die Fußgelenke und spielen das feuerzangenförmige Rhythmusinstrument. *Dhol-walas* gehen von Haus zu Haus und trommeln. Sie finden ihr gutes Auskommen während der *mela*. Die meisten von ihnen kommen aus dem Pandschab, sodass während der Sehwan-*mela* an den Heiligenschreinen in Lahore kaum noch Trommler aufzutreiben sind.

In der Hitze des Tages gären Abfall und Unrat, mit dem die graubraune Stadt zusehends übersät ist. Plastiktüten, Saftdosen, Papier, Essensreste. Vorübergehende rotzen und spucken in den Rinnstein, andere hocken sich vor Hauswände, um zu urinieren, neben den Exkrementen nächtlicher Entleerungen, deren Hellbraun inzwischen mit einer dicken Staubschicht überzogen ist. Ich begegne einem Mann, der zwei Ziegen an den Ohren durch die Straße zieht. An jeder Ecke wird geschlachtet und ausgeweidet, geronnenes Blut und Gedärme liegen verstreut am Boden, dazwischen Speisereste. In einer Nebengasse, die vom Stadtviertel Sabswari Mohalla hinunter führt zur Hauptstraße, häufen sich – neben den Fäkalien von Mensch und Tier – fliegenübersäte Fleischreste, Därme und Pansen von geopferten Tieren, um die sich die Hunde balgen. Hier ist der Gestank besonders unerträglich. Selbst hartgesottene Pilger wenden sich ab und bedecken Mund und Nase. Sich nach dem Duft des Paradieses sehnend, eilen sie in Richtung *darbaar*.

Im größten Gedränge um den Heiligenschrein herum sehe ich Pilgergruppen und Familien mit Kindern, die in einer Kette hintereinandergehen und sich dabei jeweils an den Schultern des Vorderen festhalten. Dies hat jedoch nur oberflächliche Ähnlichkeit mit einer ausgelassenen Polonaise, die Sache ist ernster: Familien sollen nicht auseinandergerissen werden und die Kinder nicht im Gewühl von Hunderttausenden von Wallfahrern verlorengehen. Andere Leute werden durch solche Personenketten oft zur Seite gerissen. Es bedarf vorausschauender Bewegung, schneller Reaktion und teils waghalsiger Ausweichmanöver.

Wieder werde ich von hinten geschoben und zur Seite gedrängt. Eine Gruppe von berauschten, Anrufungen an den Qalandar brüllenden Männern verschafft sich im Laufschritt gewaltsam Durchgang und stößt andere rüde beiseite, begräbt sie fast unter sich. Auch bei der Umkreisung der Kaaba in Mekka kommt es immer wieder zu ähnlich rücksichtslosem Verhalten. Ein Freund hatte mir von seiner Hadsch erzählt, bei der er von dem heiligen

Schwarzen Stein gerade in dem Augenblick weggerissen wurde, als er ihn küssen wollte. Es ist der Stein, den Abraham der Überlieferung nach beim Bau der Kaaba vom Erzengel Gabriel als Geschenk erhielt. Das Heilige und die Gewalt liegen mitunter eng beieinander.

Immer wieder mache ich in Teehäusern Rast, um zu beobachten und mir Notizen über die memorierten Gespräche in mein Ringbuch einzutragen – und genug zu trinken, um Wasser lassen zu können. Am liebsten sind mir die vier Ausschänke am Platz um die Hauptmoschee und die *qadiim alam*, die ‹alte Standarte›, unmittelbar vor dem südlichen Eingang zum Schrein von Lal Schahbas Qalandar. So eng wie möglich werden unter Sonnenplanen Holzbänke und schmale Tische zusammengestellt – die besten Sitz- und Schauplätze befinden sich rückwärtig an der Hauswand. Stundenlang schaue ich hier dem Treiben zu, Tee trinkend, rauchend, plaudernd. Der Platz auf der Südseite des Schreins gleicht einem immerzu von Menschen brodelnden, schier überquellenden Kochtopf. Dunkle zartgliedrige Sindhis und stämmige Pandschabis, hellhäutige Kaschmiris und Paschtunen aus der Nordwestprovinz und aus Afghanistan, Belutschen und Brahuis mit mächtigen Vollbärten, Mohana-Fischer vom nahen Mantschar-See und vom Indus, Makranis mit gekräuselten Haaren, deren Vorfahren vor Jahrhunderten aus Ostafrika kamen, Hindu-Frauen aus der Wüste Tharparkar in reichbestickten Gewändern, bis zu den Oberarmen elfenbeinfarbene Reifen tragend – Männer, Frauen und Kinder, allein, in Gruppen und in Prozessionen. Dazwischen ganz in Rot, Schwarz oder bunte Flicken gekleidete, mit Halsketten geschmückte Malangs und Malangnis, ausgerüstet mit Keulen, Stäben, Knotenstöcken, Almosenschalen, Blashörnern, Äxten und Feuerzangen und oft mit einem Handfächer versehen wegen der Hitze. Dazu tragen sie noch über der Schulter einen Beutel für ihre wenigen Habseligkeiten – das ‹Haus des Derwischs›. Ferner Bettler, Musiker und Polizisten. Man sieht unterschiedlichste Kopfbedeckungen: mit

Spiegeln oder Pailletten bestickte Käppchen, weiße gehäkelte Ge-
betskappen, um den Kopf gewundene Arafat-Tücher, Turbane –
viele aus rotem Stoff und auch solche, die aus einem Grabtuch
bestehen und mit arabischer Schrift bedruckt sind –, braune
Wollmützen mit gerolltem Rand, Allerwelts-Baseballkappen, im-
portierte Mützen und die bunten Verhülltücher der Frauen, meist
in Kombination mit roten Schals. Auffallende Angehörige des
‹Dritten Geschlechts› mit kokett hochgestecktem Haar, die die
Blicke der Männer anziehen, daneben auch ein Mann, der sich
sein schwarzes Haar turmartig hochtoupiert hat – ‹mit Spaß in-
szeniert›, denke ich. Viele blicken sich nach ihm um. Sein Haar
erinnert mich an Satschal Sarmast, einen berauschten Mystiker
aus dem nördlichen Sindh des achtzehnten, neunzehnten Jahrhunderts, von dem es heißt, dass seine Haare beim Hören von
Musik in Ekstase aufrecht nach oben standen. Gläubige umkrei-
sen die große Standarte und berühren den Fahnenmast mit ihren
Händen. Von den Öllämpchen, die ringsherum aufgereiht sind,
nehmen sie etwas heiliges Öl und streichen es in ihr Haar.

Neben mir hockt ein Fakir, der ein braunes Gebetskäppchen
trägt, dazu eine Stirnbinde mit dem gestickten Schriftzug *dschhuule Laal*. Auf dem rechten Auge scheint er fast blind zu sein.
Auffallend sind seine zahlreichen Armreifen und die vielen Ketten und Stoffbänder, die er um seinen Hals gelegt hat. Ich beobachte, wie er trotz der Hitze eine Jacke überzieht. Langsam und
sorgfältig streift er die Ärmel seines grünen Hemdes herunter
und hält sie beim Anziehen der Jacke fest, um seinen Schmuck zu
schützen. Seine Achtsamkeit fasziniert mich. Schräg gegenüber
sitzt ein Mensch, der in seinem Leben mehrere Metamorphosen
durchlitten haben muss. Sie oder er wirkt abwesend, verloren,
träumerisch. Die Annäherung an das Weibliche ist sehr deutlich – eine alt gewordene Hidschra mit Barthaaren, gekleidet in
ein abgetragenes langes Gewand von blassblauer Farbe. Wir tauschen ein paar Worte aus, und sie nennt mir ihren Namen – Gul-
saar Malangni. Sie, die ursprünglich einmal als Mann im Pan-

dschab geboren wurde, lebt nun als weiblicher Derwisch von Almosen. In ihren Augen flackert Wahnsinn, sie zittert am ganzen Leib. Neben ihr hat eine alte, ganz in Schwarz gekleidete Malangni mit hennarot gefärbten Haaren Platz genommen, die eine Münze in ihr Umhängetuch knotet. Sie trägt eiserne Fußreifen und raucht Zigaretten. An ihrer Nase sehe ich eine alte Narbe, die von einem herausgerissenen Nasenring stammen könnte. Andere Malangs und Pilger kommen und berühren ehrfurchtsvoll ihre Knie. Eine junge Hidschra tritt hinzu, sie trägt ein schwarzes, eng geschnittenes Gewand und stellt sich mit dem Namen Gori vor – ‹die Hellhäutige›. Sie erzählt, dass sie auf dem Zirkusgelände am Ortseingang arbeite, als Tänzerin vor dem ‹Todesbrunnen›, in dem Rennfahrer mit Motorrädern und Autos die Steilwand entlangrasen. Auf der Bühne am Eingang animiere sie die Männer, sich die Vorführung anzuschauen. Gori klagt, jemand habe ihr in der vergangenen Nacht ihr *mobile phone* entwendet. Überall seien Taschendiebe zugange, einer Freundin habe ein Dieb das Goldkettchen direkt vom Hals gerissen. Ich bestelle Tee für die Runde. Die Männer an den angrenzenden Tischen und Bänken blicken herüber – erstaunt, misstrauisch, verächtlich. Etwas abseits sitzt eine verwirrte Frau unbestimmbaren Alters, ununterbrochen vor sich hin redend. Als der junge *tschay-wala*, der Bediener, ihr eine Tasse scheppernd auf den Tisch knallt, lacht sie nur, rührt den Tee aber nicht an. Sie spielt mit ihrem roten Schal. Dabei hat sie die Hände so ineinander verschränkt, dass nur der stoffumwickelte Daumen herausschaut. In einer obszönen Geste bewegt sie den Finger wie einen Penis.

Nach dem zweiten oder dritten Tee entdecke ich in der Menschenmasse plötzlich Mudschtaba mit einem Begleiter und winke ihn zu mir. ‹Der Erwählte› stellt mir seinen Freund Murad Ali vor, einen Trommler aus Lahore. Mudschtaba findet schnell Kontakt zu den Pilgern und die Runde wird erfüllt von den herzhaften Scherzen und der Heiterkeit der Pandschabis. Murad trägt ein rechteckiges Kärtchen um den Hals, in dem nebeneinander kleine Bildchen von muslimischen Heiligen eingeschweißt sind, insgesamt zähle ich zwölf Porträts: eine Schautafel seiner religiösen Identität mit dem Bildnis des Qalandar in der Mitte. Auf seinen rechten Handrücken ist das Bild eines Königsfalken eintätowiert, das Emblem des Qalandar-Heiligen. Der Teekoch im Restaurant gegenüber trommelt den ubiquitären *dhamaal*-Rhythmus auf zwei Untertassen mit, die er wie Kastagnetten zwischen den Fingern hält. Bei Murad erkundige ich mich nach der Bedeutung dieses charakteristischen Rhythmus.

«Der *bol*, die Wortfolge, ist *Qalandar paak, Qalandar paak* oder auch *dam mast Qalandar, dam mast Qalandar.*»

«Ah, *Dakt Saab*», wirft Mutschtaba ein und reißt seine Augen auf, «und der Rhythmus der Trommel sagt außerdem noch *la ilaha illa Allah,* den ersten Teil des islamischen Glaubensbekenntnisses!»

«Ja, mein Freund, du hast recht», erwidert Murad, «aber es gibt noch mehr *bol*. Hör zu: *Ali, Ali, Ali, haq* und *ya paak, ya paak*. Innen im Hof des Schreins, wo die riesigen Pauken geschlagen werden», dabei deutet er mit dem Kopf in Richtung Schrein, «dort sind nur Sehwanis als Trommler tätig. Diese Pauken haben unterschiedliche Größen, es sind Kupferbecken, die mit Rinderhaut bespannt sind.»

«Früher hat man darauf getrommelt, um den Herrscher anzukündigen. War es nicht so?», schaut sich Murad fragend um. Er zündet sich seine inzwischen erkaltete Bidi-Zigarette von Neuem an.

«Sind Sie schon bei Bodla Bahar gewesen?» Ohne meine Antwort abzuwarten, fährt er fort: «Denken Sie an die Sprache der Trommel: *Ali haq!* Es heißt, dass Bodla Sahib an den Straßenecken von Sehwan stand und unablässig *Ali haq!* rief – Ali ist die letzte Wahrheit! Diese Pflicht hatte ihm der Qalandar auferlegt. Eines Tages ließ der König Bodla von seinen Soldaten zu sich bringen und befahl ihm, diesen Ruf zu unterlassen, doch dieser erwiderte nur *Ali haq, Ali haq …* Der König wurde so wütend, dass er die Anweisung gab, Bodla in Stücke zu hacken und das Fleisch zu verteilen. So geschah es. Als Qalandar Schahbas von dem grausamen Tod seines Dieners erfuhr, rief er nur mehrmals dessen Namen, denn Bodla pflegte auf die Befehle seines Herrn immer zu antworten: ‹*Aya sarkaar* – Ich komme, mein Herr.› Wasim Sahib, was glauben Sie passierte nun? All die kleingehackten Fleischstücke – man sagt, es sei richtiges Hackfleisch gewesen – antworteten einzeln gehorsam *aya sarkaar*, sammelten sich zu einem Klumpen und wuchsen wieder zum Körper Bodlas zusammen. Schließlich stand Bodla lebendig vor dem Qalandar!»

«*Mashallah* – was Gott will! *Ya Ali* – o Ali!», ruft Gori begeistert.

«*Dakt Saab, one* More, *please!*», bittet Mudschtaba und fingert dabei an der roten Stoffquaste, die er um den Hals geschlungen hat, «erzählen Sie uns, was Sie sonst noch gemacht haben.»

Nachdem ich meine langen, braunen More-Zigaretten verteilt habe, berichte ich von meiner Begegnung mit dem «Esel-Fakir». Letzteres erheitert die Tischgenossen ungemein, und einer von ihnen, ein Mann mittleren Alters aus Karatschi, der – wie sein Vater – seit der Jugend jedes Jahr nach Sehwan kommt, erzählt uns eine Anekdote:

«Hört zu, was ich von meinem Vater erfuhr: Ein *piir*, ein Heiliger, der an seinem Schrein durch reichliche Gaben der Pilger wohlhabend geworden war, setzte trotzdem eines Tages einen seiner Malangs vor die Tür. Wissen Sie, dieser *piir* war ein Geizhals, und er wollte einen weiteren Esser loswerden. Als Abschiedsgeschenk gab er dem Malang einen jungen Esel mit. Der Malang nahm den Esel am Strick und wanderte mit ihm durch die Gegend. Als er selbst irgendwann müde wurde, dachte er, der Esel könne doch neben seiner Habe auch ihn noch auf dem Rücken tragen. Zu was sei er sonst nütze? Der Malang stieg also auf, aber der junge Esel brach nach kurzer Zeit tot unter ihm zusammen. Der unglückliche Reiter grub ein Grab, legte den Kadaver des Tieres hinein und hockte sich, über sein Pech und seine Dummheit nachdenkend, daneben. Da kam ein frommer Mann des Weges, sah das Grab und den trauernden Malang, verrichtete das *fatiha*-Gebet und gab dem Grabwächter zehn Rupien. So geschah es am gleichen Tag noch weitere Male. Daraufhin erweiterte der Malang die Grabanlage zu einem Schrein, lebte gut von den Almosen der Pilger und schrieb eifrig Amulette. Mit der Zeit verbreitete sich der Ruf dieses Heiligengrabes, sodass schließlich auch der *piir* kam, um dem Heiligen zu huldigen. Als er seine Gebete gesprochen hatte, nahm er seinen alten Bekannten und früheren Diener zur Seite und fragte ihn, wer der Heilige gewesen sei, welchem Orden er angehört habe. ‹Unter uns, im Vertrauen›, antwortete der Malang, ‹es war der Esel, den Sie mir zum Abschied geschenkt hatten.› So war es!»

Schallendes Gelächter am Tisch, man schlägt sich auf die vorgestreckte Handfläche: «*Atschi baat hai* – gut gesprochen!»

Am Tisch sitzt auch einer junger Paschtune, der interessiert zugehört hat. Wir kommen ins Gespräch. Offensichtlich möchte er mir seine eigene kulturelle Identität nahebringen – er ist ein Schiit aus Paratschinar, einem Ort an der afghanischen Grenze – und will mir etwas Besonderes zeigen. Es sind nur wenige Schritte bis zu einer Seitengasse in der benachbarten Mohalla Lal Das, einem Viertel, das nach einem vor einigen Jahren verstorbenen Anhänger des Qalandar benannt ist, einem vornehmen Hindu aus Kaschmir. Im Innenhof eines schiitischen Versammlungshauses zeigt mir der junge Mann stolz ein etwa mannshohes Modell der «alten Standarte», der sicher fünfzig Meter hohen *qadiim alam*, hergestellt von einem Metallhandwerker aus Peschawar. Wie ihr berühmtes Vorbild hat es unterhalb der Spitze auch einen sechseckigen Mastkorb, der nachts beleuchtet wird. Stimmig klingt dazu aus einem Kassettenrecorder gerade ein devotionales Lied, in dem die Sängerin Nasibo Lal den Märtyrer rühmt, der die Standarte damals in Kerbela trug: «*Abbaas Alamdar, teri schaan bari hai!* – Standartenträger Abbas, wie groß ist dein Ruhm und Glanz!» Die Augen des jungen Paschtunen

glänzen, als ich ihm meine Freude über die schöne Schmiede-
arbeit mitteile und ihm danke, mich hergeführt zu haben.

Auf dem Rückweg zu Arif Sains Zelt bei der alten Festung
mache ich einen Umweg durch die Chud Mohalla, um nochmals
Baschir, den Gemischtwarenhändler, zu treffen, mit ihm zu plaudern und mich zu erfrischen. So viel zu trinken wie möglich ist
ein alter Grundsatz, den ich hier im oktoberlichen Sehwan bei
Temperaturen um die fünfunddreißig Grad Celsius besonders zu
beherzigen suche. Zurück im Zelt ist mittlerweile ein weiterer
«großer Malang» angekommen, Mohammad Aslam, der besonders geehrt wird. Arif Sain überlässt ihm den zentralen Sitzplatz
hinter der Feuerstelle und polstert seinen Rücken mit einem Ge-
päckstück. Ihm zu Ehren grillt er Palla-Fische über dem Feuer.
Fisch und Fleisch zu essen ist für Sain-dschi eine Ausnahme, die
er sich nur bei *melas* erlaubt, normalerweise lebt er vegetarisch
von Brot, Linsen und Gemüse. Er führt ein Leben der Entsagung.

In der Nacht schläft zu meiner Rechten ein Milchmann aus Sahiwal, sein Haupt auf eine leere Plastikflasche «gebettet». Hatte
nicht schon der große Mystiker Hudschwiri im elften Jahrhundert in seinem Benimmbuch für Derwische die Qalandar-Maxime
empfohlen: Der Gottsucher solle wie ein Schiffbrüchiger schlafen, mit einem Ziegelstein unter dem Kopf? Zu meiner Linken
nächtigt ein Hosenkordel-Verkäufer aus Okara im Pandschab –
wie weiland der Hosenkordel-Weber Schamsuddin aus Täbris,
der rätselhafte Wanderderwisch, Lehrmeister und Freund Rumis,
des bekanntesten Sufi-Meisters im Islam.

Körper und Kopf meines Nachbarn sind vollständig in ein
dünnes Tuch gehüllt. Neben dem Feuer hat sich Kamoke ausgestreckt, er liegt auf der rechten Seite, eine Haltung, die der Prophet zum Schlafen empfohlen hat. Seine Arme hat Kamoke um
den Kopf gelegt, als Kopfkissen dienen seine Sandalen. Behaglich
strecke ich die Glieder aus, lausche auf die Geräusche, durch Oh-
renstöpsel gedämpft. Da, irgendwann, explodiert ein Furz in den

Eingeweiden eines meiner Schlafgenossen. In all den Jahren in Pakistan und den vielen Nächten in der Gemeinschaft von Freunden und Bekannten werde ich zum ersten Mal zu einem Hörzeugen hiesiger Flatulenz. «*Sindabad* – Er lebe hoch!», meint jemand lakonisch im Halbschlaf. «Jetzt ist der Dämon vertrieben», murmelt ein anderer. Tagsüber wäre dies der schlimmste Tabubruch in einer muslimischen Gesellschaf, in der die Körperöffnungen und alle Ausscheidungsprozesse strikt kontrolliert und zu entweichen drohende Geräusche mit aller Macht zurückgehalten werden. Vielleicht hatte der nun Erleichterte zu viel Linsen oder Zwiebeln zu sich genommen …

Aus einem paschtunischen Stammesgebiet weit im Norden des Landes hatte ich einmal die Geschichte eines Mannes gehört, dem misslicherweise in einer Ratsversammlung ein Furz hörbar entwich. Die Peinlichkeit und der Ehrverlust waren so groß, dass die Familie sich gezwungen sah auszuwandern. Nach Jahrzehnten kam der Sohn wieder in das heimatliche Dorf zurück, und es hieß sogleich: «Der Sohn des Furzers ist zurückgekehrt.»

Weit nach Mitternacht erschallen wieder und wieder inbrünstige religiöse Anrufungen, in die alle im Zelt und um uns herum einstimmen. Bei dem langgezogenen *ya Ali* wird die letzte Silbe mehrfach wiederholt – *li, li, li*. Diese Silbe, die auch dem arabischen Wörtchen ‹für› entspricht, gewinnt in meinen Ohren den Charakter einer flehentlich hervorgestoßenen Bitte. Die ekstatischen Rufe und der Enthusiasmus erinnern mich frappierend an Schlachtengesänge in Fußballstadien, große Hingabe hier wie dort. Konkreter Anlass für die nächtlichen euphorischen Rufe ist das Feuerwerk in der Ferne. Als mitten in der Nacht die elektrische Versorgung der Stadt zusammenbricht, hört man überall den euphorischen Ruf *dschhuule Laal, dschhuule Laal*, in dem die alte Flussgottheit des Sindh mit dem islamischen Heiligen verschmolzen ist.

Der zweite Tag

Kurz vor dem Morgengrauen kräht der erste Hahn, er weckt die Gläubigen aus ihrer Trägheit; erst ein wenig später hört man nach lautem Räuspern aus einem Lautsprecher den Gebetsrufer von der Moschee, doch niemand im *dera* rührt sich. Auch sonst sehe ich kaum jemanden in Sehwan, der während des Festes seine Pflichtgebete spricht. Die Stadt erwacht langsam – der Heilige wird mit Trommeln geehrt; der *mast-Qalandar*-Rhythmus durchdringt dabei als robuster Klangteppich jeden Winkel der Stadt, zumindest tagsüber, und an vielen Plätzen auch während der Nacht. In unserem Zelt beginnt der neue Tag mit Husten und Spucken. Tief aus dem Hals wird der Schleim hochgezogen und ausgeworfen. Einige kauen auf Zahnputzhölzchen herum, die wie Pinsel geformt sind, andere streichen sich Öl in ihr Haar. Anschließend machen *dabal-sigret* die Runde, und zwei jüngere Männer begeben sich an die Zubereitung von *bhang*, einem Getränk aus zerstoßenem Hanf. Das grüne Rauschgetränk soll helfen, das Herz zu öffnen und sich ganz dem Flow der Musik hinzugeben.

Die *mela* erscheint mir als ein einziges großes Cannabis-Fest. Anders als Alkohol, der *haraam* – verboten – ist, gilt die Alltagsdroge Haschisch nur als *makruh* – verpönt. Dennoch wird sie nach Kräften allerorts auf der *mela* konsumiert. Allerdings gab es auch unter den Sufis seit jeher deutliche Gegenstimmen, so ist von Schamsuddin Tabrisi, dem Freund Rumis, der Satz überliefert: «Haschischesser gab es zur Zeit des Propheten noch nicht, sonst hätte er solche zu töten befohlen.»

Aber hat nicht Rumi selbst den Rausch einen der «Bausteine des Jenseits» genannt? Und rühmen in seiner Heimat Afghanistan die Derwische nicht bis heute Haschisch als *madschuun-e falakseer*, als ein «Promenieren am Himmel entlang»? Der Qalandar jedenfalls scheint, wie schon erwähnt, das Erbe Shivas angetreten zu haben, der indischen Gottheit des Rausches, der Musik und des Ekstasetanzes, die früher in Sehwan in einem großen

Tempel verehrt wurde. Shivas heilige Gabe ist die Wirkung des *bhang,* des Cannabis-Getränks. Sowohl für hinduistische Sadhus als auch für islamische Malangs hat der Genuss von Haschisch sakralen Charakter. Er gilt als Schlüssel, der die Tür öffnet zum Raum der Einheit, dem erfüllten Sein in Gott. Wer aber diesen reinen, klaren Raum der vollkommenen Stille und Gegenwart Allahs betreten hat, der braucht weder *bhang* noch Musik, noch seinen Verstand! Diese Krücken kann er fröhlich lachend über Bord werfen.

Die morgendliche Prozedur des Haschisch-Zubereitens im Zelt ist ein kultischer Akt: sorgsam, geduldig, begleitet von Anrufungen an den Qalandar zelebriert, denn es handelt sich um *bhang sardai,* ein besonderes Getränk, das die Derwische auch *mastaani buuti* – Trunk der Berauschten – nennen. Der Ausdruck erinnert mich an den Ausgangspunkt meiner Reisepläne, an den Berg der Berauschten am Fuße des Himalaya, wo mir Lala Dschi aufgetragen hatte, mich zum Schrein des Qalandar in Sehwan Scharif zu begeben. Wie viele neue Eindrücke verdanke ich ihm nun!

Fasziniert verfolge ich die Prozedur der Zubereitung des *bhang sardai.* Einfaches *sardai* ist kräftigend, in erster Linie sind es Ringer und Athleten, die es zu sich nehmen. Dabei werden zunächst Mandeln mit Wasser versetzt und mit einem großen, mit Rasselringen besetzten Holzstößel in einem Mörser zerstoßen, danach gibt man Kardamom, Fenchel und schwarzen Pfeffer hinzu und zum Schluss Milch. Im Kreis der Derwische wird die Milch durch eisgekühltes *bhang* ersetzt und viel Zucker hinzugegeben. Zur Bereitung eines richtigen *mastaani buuti* kämen noch einige Ingredienzen hinzu: Pistazien, Melonen- und Kürbiskerne sowie Kümmel. Die Mischung wird zum Ende in ein Filtertuch gegossen und hindurchgepresst.

Sain-dschi reicht mir die Schale weiter und bemerkt: «Sitzen wir hier nicht in einem Rosengärtchen?»

Mit dieser Metapher meint er die Vorhalle zum Raum der Einheit. Die Wirkung des *buuti* beginnt je nach Dosierung nach etwa einer Stunde oder bereits früher. In der richtigen Dosierung genommen, intensiviert und sensibilisiert die Droge die Wahrnehmung, schärft die Sinne und wirkt dabei entspannend. Im Pandschab hatte ich gehört, dass manche Malangs dem *bhang*-Cannabistrunk zuweilen noch getrocknete und pulverisierte Skorpionstacheln hinzumischen und außerdem eine Kupfermünze in die Flüssigkeit legen, um die Wirkung erheblich zu potenzieren. Andere würden den Hanf in einen Boden einpflanzen, in dem zuvor tote Kobras vergraben worden seien. Verträglicher ist jedenfalls die Praxis, der ganzen Mischung ein wenig Orangenlimonade hinzuzufügen, was nicht nur süßt, sondern auch die Schärfe hervorhebt.

Einige Pilger im *dera* rauchen Haschisch und trinken danach viel Wasser, da der Hals sehr trocken wird. Bei der Verwendung der *tschillam*- oder *sulfi*-Tonpfeife benutzt jeder seinen eigenen Gazestreifen, der, leporelloartig gefaltet und mit Wasser angefeuchtet, als Filter und Mundschutz vor das heiße Ansaugrohr gedrückt wird. Weniger elaboriert wird der Rauch einfach durch die zur Faust zusammengelegten Finger inhaliert, auf diese Weise bieten sich die Derwische auch gegenseitig einen Zug an. *Sulfi* – Pfeife – nennt man scherzhaft diejenigen, die Rauschdrogen miteinander teilen. Aber was hatte gestern ein Paschtune am Nebentisch im Teehaus gesagt? Das bei den Heiligenfesten verkaufte, in Plastiktütchen verpackte Haschisch sei nur schwarzer Dreck, irgendwo abgekratzt und mit Schuhwichse gestreckt, höchstens zehn Prozent Harz sei darin. Er hatte mich daran riechen lassen, es stank wirklich wie eine Mischung aus Gummi und Kot. *Masaari maal* solle ich versuchen, die beste Qualität, in westlichen Ländern als ‹schwarzer Afghane› bekannt. *Kandahari maal* sei die zweitbeste Sorte, *Tirah maal* aus den Stammesgebieten seiner Heimat sei dagegen leicht bitter und etwas schlechter. Jedenfalls solle ich von dem Rest die Finger lassen. Bei ihm zu Hause, in Peschawar nahe der afghanischen Grenze, setzte er seine Erklärungen fort, würde man *tscharas* in eine frische Ziegenhaut einschlagen und so eine gewisse Zeit aufbewahren. Dieser Fermentierungsprozess erhöhe die Qualität des Haschischs.

Harte Drogen und Alkohol werden in Arif Sains *dera* nicht konsumiert; Leute, die solche Rauschmittel nehmen, würde Saindschi streng abweisen. Doch im Nachbarzelt war mir gestern bereits ein hagerer weißhaariger Derwisch aufgefallen, der auch jetzt wieder mit besonderer Hingabe Opium raucht. Sein Gesicht wirkt zart, fast noch jugendlich, offenbar wegen des regelmäßigen Opiumgenusses, der den Alterungsprozess verlangsamt.

Küchenmeister Bola kramt einen Aluminiumtopf aus seinem Gepäck, platziert ihn vor sich auf dem Boden und bettet ihn sorgsam auf ein Tuch. Dann beginnt er mit seinen ringbesetzten Fingern einen Rhythmus darauf zu trommeln und singt zu dieser Instrumentalbegleitung Lieder, die den Qalandar rühmen, andere handeln vom Propheten Abraham und von Maula Ali. Ich beeile mich, diese authentischen Derwischlieder mit einem Minidisc-Recorder aufzunehmen. Bola singt ergreifend mit fast zahnlosem Mund und trocken-rauhen Stimmbändern. Es sind Verse in Pandschabi, wobei bestimmte Anrufungen wiederholt werden: «*Qalandar Paak, Saachi Qalandar, Sohna-e Paak Qalandar... masti, masti.*» Zum Schluss singt er das Lied, das durch Lollywood-Filme in den Sechzigerjahren populär wurde: «*Schahbaas kare parwaas dschaane raas dilaan de* – der Königsfalke fliegt, er kennt die Geheimnisse der Herzen.» Und der Vers geht weiter: «Wenn wir noch leben, werden wir uns am Schrein von Lal Qalandar treffen.»

Bola wurde in Lahore in die Kaste der Kandschar hineingeboren, er ist seit frühester Jugend mit Musik vertraut. Kandschar-Frauen arbeiten als Tanzmädchen und Prostituierte. Ein alter, ganz in Schwarz gekleideter Malang gesellt sich zu uns. Er führt einen Stock mit sich, der in Form einer Kobra aus Holz geschnitzt ist, mit rot angemalter Zunge, und schwingt ihn zum Rhythmus von Bolas Lied. Ab und zu bläst er in ein Horn aus

Blech. Er bittet um eine Schale mit Wasser. Erstaunt sehen wir, wie er eine lebende Schlange – sie ist dunkelbraun und sehr dünn – aus seinem Beutel hervorholt und ihr langsam zu trinken gibt. Auf Arif Sains Frage erzählt er, dass er die Schlange durch eine heilige Formel gezähmt habe. Die Kraft dazu habe er von seinem Meister erhalten. Nach dem Genuss einer Tasse Tee zieht er langsam weiter.

«Habt ihr von Gunga dem Stummen gehört?», fragt Saindschi. «Das ist der älteste Malang in Sehwan. Die Leute erzählen, dass sie ihn vor einiger Zeit mit zerstückelten Gliedmaßen am Grab von Bodla Bahar hätten liegen sehen, am nächsten Tag sei er wieder vergnügt herumgewandert.»

Ein schmaler, junger Mann, der im hinteren Bereich des Zeltes sitzt, beginnt zu gestikulieren, offensichtlich durch den grünen spirituellen Trunk und den Gesang animiert, springt dann rasch nach vorne an die Feuerstelle und kündigt an, uns einen Sufi-Traum zu erzählen. Mir fällt der Nagel seines kleinen Fingers der rechten Hand auf, der überlang gewachsen ist und sich bereits krümmt. Offenbar ein Schneider, der mit dieser ‹Fingerklinge› Garn abschneidet und Kleidersäume faltet.

«Vorige Nacht träumte ich von Lal Schahbas Qalandar», haspelt er aufgeregt mit hoher Stimme. «Auf dem Friedhof neben dem Schrein säuberte ich ein Grab, kehrte den Staub mit der rechten Hand ab und fing ihn mit meiner Linken auf. Dann erschien ein Engel, nahm meine Hand und führte mich in den Innenhof der *darbaar* des großen Qalandar. Nur zwei Männer waren dort, der Heilige in seinem langen roten Gewand saß wie beim Gebet mit den Knien nach vorne, neben ihm ein anderer, etwas jüngerer, den ich nicht kannte. Lal Schahbas war gerade im Zustand der Dankbarkeit gegenüber Gott, ein starkes Licht ging von ihm aus, das mich blendete. Der andere flüsterte dem Qalandar etwas ins Ohr und gab mir dann ein Zeichen. Ich durfte näher herankommen und kniete mich vor den Qalandar. Dann bat ich ihn, wenn meine Zeit gekommen sei, mit dem rechten Glauben aus dem Leben scheiden zu dürfen. Daraufhin richtete sich der Heilige auf und hob seine Hände wie zum Gebet, dabei waren seine Augen halb geschlossen, aber sein Gesicht leuchtete.»

«Qalandar Pak hat deinem Wunsch entsprochen», versichert Sain-dschi lächelnd.

«Und wer war der Zweite?»

«Trug er einen braunen Umhang und ein grünes Tuch um Kopf und Schultern, war sein Haar schwarz wie das des Propheten?», wendet sich einer aus der Runde an den Erzähler, der zustimmend seinen Kopf wiegt.

«Dann muss es Maula Ali selbst gewesen sein!»

Ein bewunderndes Raunen geht durch den Kreis der Malangs und Pilger. Arif Sain dreht jedoch zweifelnd seinen Kopf: «Er war doch jünger, nein, das kann nur ein Diener des Qalandar gewesen sein, der dem Heiligen die Namen der Besucher zuflüstert.»

«Sicher, du hast recht», meinen die Derwische, «es kann nicht Maula Ali gewesen sein.»

«Dein Traum ist von Gott geschickt, deine Seele reift», resümiert Sain-dschi.

Aslam erzählt anschließend die Geschichte von Lal Schahbas Qalandar, wie er sich einst bei Karatschi, dort wo heute der Heiligenschrein von Mangho-*piir* liegt, neben dem Teich seine langen Haare wusch. Dabei seien zwei Läuse herausgefallen, aus denen die beiden ersten Krokodile entstanden. Heute soll es noch über einhundertfünfzig Krokodile geben. Auch die dortige Quelle mit heißem Heilwasser soll auf den Befehl des Qalandar aus den Felsen gesprudelt sein.

Bola kauft von einem ambulanten *papar-wala* dünne, mit Koriandersamen zubereitete Fladen, die gerade knusprig über einem Holzkohlefeuer gebacken wurden, allerdings solche, die gemeinhin als *special* bekannt sind – sie enthalten ein gutes Quantum an Marihuana und sind als *bhang papar* bekannt. In Sehwan sind sie überall erhältlich. Auch in Lahore haben *papar-walas* in der Regel einige davon diskret dabei. Ich hörte, dass sie dort angeblich mit Taschendieben zusammenarbeiten: Einem Arglosen würden solche Fladen zum Probieren angeboten, und der Benommene werde anschließend ausgeraubt. Dazu müssten sie allerdings Stärkeres enthalten – tatsächlich soll es auch solche mit Opium geben.

An einem *papar* knabbernd berichtet der faltige Mistri-Sahib, der Bola beim Kochen zur Hand geht, von einer seltsamen Begegnung in Karatschi. «Letztes Jahr sah ich vor dem Café Dschahan in Saddar einen halbnackten jungen Mann, nur mit einem Hüfttuch bedeckt, dessen Körper völlig mit Lehm beschmiert war. Er sah wirr aus und hielt in seiner rechten Hand einen runden Stein, so wie man sie in einem Flussbett findet.»

«Tat er irgendetwas? Was sagte er?», erkundige ich mich.

«Offenbar konnte er nicht sprechen. Manche Leute steckten ihm Geld zu.»

«Wie nennt man solche Derwische», wende ich mich an Saindschi, «gehören sie zu einer eigenen Bruderschaft?»

«Er war wohl ein berauschter *mast-fakir* oder ein *madschnun*, ein ‹vor Liebe verrückt Gewordener›, vielleicht auch ein Dschalali-Derwisch, also jemand, der die schrecklichen und angsteinflößenden Attribute Gottes verkörpert!? Wir alle brauchen nichts außer Gott, er kann über uns verfügen, wie ihm beliebt. Wir sind wie Papierdrachen in der Luft, und Er hält die Schnüre in der Hand. Er hat die *remote control,* die Fernbedienung.»

Zustimmendes Wiegen der Köpfe im *dera.*

«Ich wäre dem *mast-fakir* aus dem Weg gegangen», krächzt Bola, «bevor er dir den Stein an den Kopf schlägt – oder sich selbst, wenn du ihm nicht genug gibst.»

«Und noch etwas Unglaubliches hat man mir in Karatschi erzählt», berichtet der Faltige. «Nahe beim Schrein von Abdullah Schah Ghasi am Strand von Clifton werden für die Dauer einer Sonnenfinsternis Kranke, die gelähmt sind, völlig in den Sand eingegraben, bis nur noch ihr Gesicht hervorschaut. Die Leute sagen, dass diese Menschen dadurch geheilt würden. Hunderte hat man so eingegraben.»

«An solche Heilungen glaube ich nicht», wendet Bola ein. «Das ist schwarze Magie. Denkt nur, was ich in Lahore gehört habe. Im vergangenen Winter wurde ein fünfjähriger Junge gekidnappt und getötet, nur um ihm anschließend seine Augen herauszuschneiden und daraus ein Amulett für Liebesmagie herzustellen.»

Am Vormittag besucht ein Fotograf unser Zelt, in seiner städtischen Kleidung mit Jeans und Nike-T-Shirt unterscheidet er sich von den übrigen Pilgern des Friedhofsgartens. Er heißt Scheich Chalid und arbeitet als Standfotograf in Lahorer Filmstudios, doch geht er aus eigenem Interesse seit jeher auch zu Heiligenfesten und verdient sich ein wenig Geld, indem er fotogene Derwische porträtiert und ihnen die Aufnahmen bei der nächsten *mela* mitbringt. Solche Spezialisierungen sind nicht ungewöhnlich. So traf ich während meiner Forschungen auch einen Fotografen, der ausschließlich für Hidschras arbeitete, die sich in unterschiedlichsten Posen, schillernden Outfits und geschminkt wie Schauspielerinnen inszenierten. Ein anderer wiederum fotografierte stolze Lastwagenfahrer vor ihren reich bemalten und prächtig dekorierten Trucks.

«Sind Sie auch Fotograf?», will Chalid wissen. Sain-dschi erklärt ihm, ich sei ein Anhänger des Qalandar-Heiligen. Ich ergänze noch, dass auch das Fotografieren zu meiner beruflichen Arbeit im Museum gehöre.

«Atscha, mjusium men kaam karte hain? – Aha, Sie arbeiten in einem Museum? Ist nicht ganz Sehwan für uns Fotografen heute ein lebendiges Wunderhaus?»

Zum Abschied schenkt er mir ein kleines Büchlein, es ist eine Art islamischer Katechismus in Englisch und zitiert einen Vers aus Sure 78 des Korans: «Machten Wir (= Gott) nicht die Erde zu einem Bett?» Ich solle darüber nachdenken.

Chalid hat Recht, ist nicht der Boden des *dera* – wie der in der Moschee – eine alles zusammenfassende Lagerstatt, die wir während des Festes unmittelbar erleben? In Sure 2, Vers 22 steht außerdem: «Dienet Ihm, der Euch die Erde zu einem Teppich und den Himmel zu einem Bau gemacht hat.» Mir wird klar, genau dies ist Arif Sains Bild der Welt. Ich beginne in dem Büchlein zu blättern und zu lesen. Nach einem Prophetenlob in Arabisch enthält es anhand von Überlieferungen Muhammads fundamentale Ansichten zu Glaube und Moral. Den Abschluss bildet die nützliche chronologische Auflistung *«Prophet Muhammad's Life at a Glance* – Das Leben des Propheten auf einen Blick.»

Interessiert lese ich hier und dort und stoße auf einige handschriftliche Notizen, in winziger Schrift in Urdu an den Rand gekritzelt, manches kaum lesbar. Im Kapitel über die letzte Predigt des Propheten, die er kurz vor seinem Tod anlässlich der Wallfahrt nach Mekka hielt und die zu seinem Vermächtnis wurde, ist der Satz unterstrichen «Ich hinterlasse dir das Buch Gottes» und daneben vermerkt: «Jeder begibt sich in sein eigenes Paradies.» Weiter unten ist markiert: «Heute ist der Tag der großen Pilgerfahrt» – dies mag Chalid als einen Hinweis auf die Wallfahrt nach Sehwan verstanden haben, die für viele *Saayeriin* als Ersatz für die Reise nach Mekka gilt.

Rätselhaft erscheinen die religiösen Notizen am Ende, von denen ich nur *5 darbaar, Schah Laal, dschi Ahmad dschi* und *aulaad-e Ali* entziffern kann – Hinweise auf den Schrein des Qalandar und die Nachkommen Alis, Gedankensplitter der Verknüpfung des Heiligenfestes mit der «großen» Tradition des offiziellen Islam oder bloß krauses Gekritzel eines Zerstreuten? Und noch ein überlieferter Satz des Propheten ist mit einem roten Stift markiert: «Das Beste beim Umgang miteinander ist, um Allahs willen zu lieben und zu hassen.» Dies klingt so gegensätzlich wie manche Aussagen des Korans. In Suren, die dem Propheten in Mekka geoffenbart wurden, steht, dass man Böses mit Gutem vergelten solle. Doch später, in Medina, heißt es in der gefährlichen

Poesie der ‹Schwertverse›: «Wenn sie euch angreifen, dann schlagt zurück, bringt sie um, denn das haben sie verdient.» Diese Sätze sollten wir Muslime in einen historischen Kontext stellen und relativieren, sie bedürfen einer genauen Interpretation. Doch leider benutzen radikale islamistische Bewegungen sie immer wieder für ihre Propaganda, die schließlich in Selbstmordattentate mündet. Verstand Chalid die von ihm ornamental angestrichene Prophetenüberlieferung wirklich als Handlungsanweisung? Gerne hätte ich ihn gefragt.

Gegen Mittag weist Arif Sain seine Malangs an, mit dem Kochen von Ziegenfüßen zu beginnen, *bakre de pawe*, eine Spezialität aus Lahore. Man isst sie mit hellem, aus Weizenmehl gebackenem Fladenbrot, das Sain-dschi aus dem Basar holen lässt. Die Suppe, in der die Ziegenfüße gekocht wurden, wird andächtig geschlürft, dann wird das Fleisch gegessen, die Knochen werden anschließend ausgesaugt. Sain-dschi achtet darauf, dass mir besonders gute Fleischstücke gegeben werden. Er sorgt aufmerksam für die Teilnehmer seiner Karawane. Erhält er Naturalien oder etwas Geld, so werden diese umgehend zum Unterhalt der *langar*-Küche verwendet und weiterverteilt. Zwar sind es keine Massenspeisungen wie an Heiligenschreinen, doch gibt es auch hier neben Brot und Linsen gelegentlich Reis. Nahrung miteinander zu teilen, nimmt eine wesentliche Rolle in der Lebenswelt des *dera* ein. Die Gewohnheit brüderlich geteilter Mahlzeiten entspricht einem hohen Wert der Sufi-Mystik. Mehr noch: Gastfreundschaft ist ein Akt der Frömmigkeit, und Großzügigkeit eine Tugend der *ahl al-dschannat*, der ‹Leute des Paradieses›, wie es in einem arabischen Aphorismus heißt.

Arif Sain erzählt, dass er seit über dreißig Jahren die Wallfahrt nach Sehwan unternehme. Früher sei er zu Fuß den ganzen Weg von Lahore nach Sehwan gegangen, einige Wochen habe dies gedauert, später habe aber auch er Eisenbahn und Bus benutzt. Letztes Jahr noch hätten einige seiner Derwischfreunde, die noch jünger sind, die Strecke zu Fuß in vierzig Tagen zurückgelegt. Von Aschfaq weiß ich, dass Arif Sain in seiner Jugend im Pandschab barfuß – welch eine Form der Demut und Selbsterniedrigung! – und später mit einem Eselskarren von einem Heiligenfest zum anderen zog. Die ihm seit Jahrzehnten vertrauten Landschaften, Wegstationen, heiligen Orte und Sprachgrenzen in Pakistan müssen in seinem Kopf genau kartiert sein. Pilgerfahrten sind zu seinem Alltag geworden.

«Sain-dschi, was werden Sie im Anschluss an die *mela* tun?», frage ich ihn.

«Von hier wandere ich jedes Jahr mit meiner *kaafila* zunächst nach Nurani Scharif und Lahut Lamakan im Distrikt Las Bela in Belutschistan. Früher bin ich anschließend den langen Weg nach Westen weitergezogen, zum Heiligtum der Bibi Nani nach Hinglatsch.»

Bibi Nani ist der Name einer weiblichen Heiligen. An diesem alten Wallfahrtsort am Hingol-Fluss scheint der Kult der Hindu-Göttin Sri Mata islamisch überformt worden zu sein, denn Nana ist eigentlich der Name einer altiranischen Göttin der Fruchtbarkeit. Bis heute pilgern sowohl Hindus als auch Muslime dorthin.

«Von Lahut gehen wir nach Karatschi. Dort bleibe ich einige Zeit an einem Schrein. Dann geht es zurück in den Pandschab über Pakpattan Scharif, dann nach Multan. Im Dezember werde ich *Inschallah* wieder in Lahore sein, *via Bhatinda*.»

«*Via Bhatinda?*», wiederhole ich fragend und ratlos schauend, «was bedeutet das? Bhatinda liegt doch im östlichen Pandschab, auf indischem Territorium.»

«Nun ja, das ist eine Redensart in Pandschabi, Bhatinda ist ein großer Knotenpunkt der Eisenbahnstrecken, wenn man auf Umwegen und mit häufigem Umsteigen zum Ziel kommt, dann sagen wir *via Bhatinda!*»

Sain-dschi ist kein Wanderderwisch, der bettelt. Gottvertrauen, Demut und Bescheidenheit sind die Maximen seines Lebens.

«Gott gibt und Gott nimmt», hatte er mir gestern gesagt, «nur Er hat das Recht, ‹Ich› zu sagen, und nur Er handelt. Aber Er akzeptiert lediglich die Währung der Aufrichtigkeit!» Ein Vers des Qalandar charakterisiert treffend die völlige Hingabe seines Derwischs Arif Sain. So deklamiert Lal Schahbas:

> *Ich bin der Verehrer aller Wanderer,*
> *der Liebende der vollkommen Entrückten,*
> *der Wegweiser der reisenden Mystiker,*
> *der Hund der Straße,*
> *in der Ali – der ‹Löwe Gottes› – lebt.*
> *Der trunkene Qalandar bin ich,*
> *der Leibeigene Alis.*

Für seinen dem Irdischen weitgehend entsagenden Lebensstil benötigt Arif Sain nicht viel. Gegentlich erhält er Geld von einigen Gönnern, die sein Gott und den Heiligen geweihtes Leben unterstützen und damit eigenes religiöses Verdienst erwerben. In der Regel jedoch arbeitet er, wenn er etwas Geld benötigt. So näht er Fußbälle oder repariert hier und da ein Fahrrad. Saindschi ist in der Stadt Sialkot im nördlichen Pandschab aufgewachsen, die bekannt ist für die Produktion von Sportartikeln, aber auch für die damit verbundene Kinderarbeit. Seit seinem sechsten Lebensjahr half Arif Sain im Kreis seiner Familie beim Zusammennähen der Lederstücke für Fußbälle, die bis heute in alle Welt verkauft werden. Während seiner Wallfahrten nutzt er manchmal Mußestunden, um zu nähen. In einem Sufi-Handbuch des zehnten Jahrhunderts heißt es, dass sich die Gottesmänner nicht durch Kaufgeschäfte vom Gedenken an Allah ablenken lassen sollen. Arif Sain erwirbt jedoch nichts Materielles, die gelegentlichen geringen Einkünfte ermöglichen ihm lediglich seine äußere Freiheit. In Sure 65, Verse 2–3 des Korans heißt es: «Wenn einer gottesfürchtig ist, schafft Gott ihm einen Ausweg und beschert ihm den Unterhalt, ohne dass er damit rechnet.» Arif Sains frommer und ehrlicher Lebenswandel bestätigt diese Maxime und hat ihm unter den Derwischen Autorität verliehen.

Ich genieße das Zusammensein, die Eintracht und Geborgenheit im *dera* – einer Insel der Langsamkeit, bewohnt von einer Gemeinschaft frommer, von Allah, dem Qalandar und vom Hanf berauschter Pilger und spiritueller Sucher. In brüderlichem Geist bedürfnislos, besitzlos und selbstlos. Arif Sain und seine Derwischgefährten sind *ahl-e dil* – Leute des Herzens –, die mir zeigen, dass andere Menschen wichtiger sind als man selbst, als das eigene Ego. Weder sind Islamisten darunter noch säkularisierte Muslime. Konfessionen spielen keine Rolle, es wird nicht gefragt, ob jemand Sunnit oder Schiit, Muslim, Christ oder Hindu sei. Meine Zeltgenossen berauschen sich an der Liebe zum Propheten, zu Maula Ali und Lal Schahbas Qalandar, wollen teilhaben an deren Segenskraft.

Bullhe Schah, ein radikaler Sufi-Poet, der auch der «Rumi des Pandschab» genannt wird, schrieb im achtzehnten Jahrhundert die Verse: «Wir sind weder Hindus noch Muslime. Wir sitzen nur und drehen das Spinnrad, mit dem Stolz auf das religiöse Bekenntnis haben wir nichts zu tun. Wir sind weder Sunniten noch Schiiten. Wir sind gewaltlos gegenüber jedermann.»

Dieser Geist der Harmonie und Toleranz prägt bis heute die devotionale Religiosität an den Heiligenschreinen. Hier wird die Essenz des Sufi-Islam verwirklicht: vereinigen und nicht trennen! Manche Feste habe ich als sehr kontemplativ erlebt, dem Gebet und Gottgedenken gewidmet; die Sehwan-*mela* jedoch ist wie ein brodelnder Kessel der Liebesglut und Liebestrunkenheit. Engstirnige Religionsgelehrte haben hier nichts zu suchen. War es nicht der Sufi-Dichter Satschal Sarmast, der hundert Jahre nach Bullhe Schah gerufen hat: «Verbrennt die Bücher des Kadi!»? Damit drückte er noch prägnanter und entschiedener die Abneigung gegen die staubtrockene und leblose Buchstabengläubigkeit der Mullas aus, eine Abneigung, die sich auch schon um einiges früher in der mystischen Poesie von Sultan Bahu zeigt: «Den Herrn findet man nicht in Gelehrsamkeit und Büchern.» Über die eitlen Korangelehrten schrieb Sultan Bahu, dass sie wie die Regenwolken im Monsun schwerbeladen mit Büchern herumwandern. Der Sufi dagegen bemüht sich um die Reinheit seines Herzens und die Läuterung auf dem mystischen Weg. Erst nachdem er den Spiegel des Herzens durch moralisch-vorbildliche Lebensführung ‹entrostet› und anschließend poliert hat, kann Gott im Herzen des Liebenden Wohnung nehmen. «*Dil Allah ka ghar hai* – das Herz ist das Haus Gottes!», stellt Sain-dschi fest. Durch Liebe, Hingabe und Ergebenheit lassen sich die Schleier durchdringen, die den Menschen und Gott voneinander trennen. Arif Sain hat auf dem spirituellen Weg seine niedere Triebseele bekämpft und seinen Geist entwickelt und verfeinert; er lebt bescheiden, ohne materielle Bedürfnisse, sich um andere sorgend, auf Gott vertrauend, ganz von dem Glauben an ihn durchdrungen, Gott und die Heiligen innig liebend – er praktiziert die Weltentsagung, die einen Fakir ausmacht. Im Zusammensein mit ihm wird mir deutlich, dass er eine Stufe erreicht und sich darin vervollkommnet hat, die mir Aschfaq bereits vor Jahren nähergebracht und als besonders wichtig herausgestellt hatte: *resaa*, die Zufriedenheit und Ruhe des Herzens, die dem Mystiker aus der Dankbarkeit gegenüber Allah erwächst; *resaa* bedeutet Glücklichsein und Freude im Hier und Jetzt, in Armut. Doch mein eigenes Wohlgefühl im Zelt von Arif Sain zeigt sicherlich auch einen Grad der Entfremdung von westlicher Kultur. Was habe ich mir angeeignet und was zurückgelassen oder verloren?

Nach dem Essen wandere ich kreuz und quer durch die Gassen hinunter zum Platz an der alten Standarte vor dem südlichen Portal des Schreins. Pilger balancieren Flechtkörbe auf ihrem Kopf, die mit Gaben für den Heiligen gefüllt sind – Rosenblätter, Früchte, Süßigkeiten, Räucherwerk. Eine Bettlerin begegnet mir, die unter dem Arm eine Puppe trägt. Ist ihr eigenes Kind verstorben oder hat sie selbst nie Kinder bekommen können?

Am Standartenplatz werde ich in ein dionysisches Treiben hineingerissen – Menschenmassen drängen sich um einen großen Behälter mit *mehndi* – Henna. Männer und Frauen schmieren sich die Paste aus grün-braunem Pflanzenfarbstoff auf Haare und Hände. Das zeremonielle Auftragen der Henna-Paste markiert den eigentlichen Beginn des Hochzeitsrituals und gilt als segensreich, verheißt eine baldige glückliche Heirat. In die Haare gestrichen, nimmt sie schließlich eine rötliche Färbung an, die Farbe der Freude. In das Tollhaustreiben am Platz mit dröhnenden Trommeln und krachenden China-Böllern mischen sich devotionale Gesänge, die den Qalandar rühmen. Sie plärren aus mehreren übersteuerten Musikanlagen von der Basargasse herüber; dominierend sind die Stimmen der Sängerinnen Nasibo Lal und Schasia Chuschk. Aus dem großen Lautsprecher eines Ladens klingt die Zeile «*eh mehndi murschid Laal di* – dies ist die Henna-Nacht meines Seelenführers Lal», dann der Refrain «*dschiiwe Laal, oh sohna Laal* – lang lebe Lal, o du schöner Lal» und wieder anrührend die hymnische Anrufung «*oh dschiiwe Laal, oh mera sohna murschid*». Dies animiert den Basari im Nachbarladen zu einem Duett. Er legt eine Kassette des Qawwali-Sängers Scher Miandad ein: «*Saachi Laal di mehndi agai* – die Henna-Nacht von Sachi Lal hat begonne n!»

Einige Schritte weiter ist aus dem nächsten Laden mit Musikkassetten die größte lebende Stimme der Sufi-Musik zu hören: Abida Parveen, die in früheren Jahren regelmäßig am Schrein des Qalandar gesungen hat. Als ich innehalte und für Augenblicke entrückt ihrem hymnischen *ho Laal Qalandar dschiiwe* lausche, ergreift ein Vorübergehender meine Hand mit den Worten «*bilkul roschni ki avaas hai* – wirklich eine Stimme voll von Licht!»

Während der drei Kerntage des Festes zieht jeden Tag eine *mehndi*-Prozession zum Schrein des Qalandar. Gestern, am achtzehnten Tag des Monats Schaban, brachte die Prozession der

Sayyids (der Nachkommen des Propheten) aus der Lakiari-Familie die Henna-Paste zum Mausoleum. Der Träger hielt das *mehndi*-Tablett dabei über seinem Kopf und wurde mit Rosenblättern bestreut. Dann wurde das Grab von Lal Schahbas zeremoniell mit Henna bestrichen – wie eine Braut, deren Körper parfümiert und in festlichem Rot geschmückt wird. Rot, die Farbe der Erotik, Energie und Unmittelbarkeit – die Farbe des ‹Roten Falken›. Fürwahr die rituelle Simulation eines *urs,* einer Hochzeit! Der Sufi-Heilige wird im devotionalen Islam Südasiens als eine Persönlichkeit gedacht, die Gott so liebt wie eine Frau ihren Ehemann. Im Sinne dieser Brautmystik vereinigt sich der Heilige im Tod mit Gott. Mit dem Tod erreicht er das Entwerden im Absoluten, die Verschmelzung der Liebenden und *visaal*, das mystische Ineinsfließen von Mensch und Gott. Als Abraham vom Todesengel gerufen wurde, hörte er eine Stimme, die sprach: «Hast du je einen Liebenden gesehen, der sich weigert, zu seinem Geliebten zu gehen?» So hatte auch Lal Schahbas den Tod als eine Brücke empfunden, über die er in freudiger Erwartung und in Leidenschaft tanzend zu seinem Geliebten gelangte. Seine gläubigen Anhänger hatten, wie mir Baschir erzählte, die Hochzeitssymbolik früher noch deutlicher ritualisiert, indem jedes Jahr eine Jungfrau an einen der vier Pfosten des Grabes gebunden und so mit dem Qalandar ‹vermählt› wurde, der auf dieser Ebene des Rituals als mystischer Bräutigam angesehen wurde. Die feierliche Henna-Prozession begann beim Haus der jungen Braut und endete an der Grabstätte, wo symbolisch die Füße des Heiligen mit *mehndi* bestrichen und sein Körper mit einem kostbaren Seidengewand bekleidet wurden. Wie Sir Richard Francis Burton geschrieben hatte, ein berühmter Orientforscher und Kolonialoffizier, der Sehwan in den vierziger Jahren des neunzehnten Jahrhunderts besuchte, handelte es sich jeweils um ein Mädchen aus der Safranfärber-Kaste, das danach keinen sterblichen Mann mehr heiraten durfte.

Die Henna-Zeremonie am Schrein hatte gestern Abend stattgefunden. Heute Morgen haben die Diener des Heiligen die aromatische Masse entfernt und dieses geweihte *mehndi* nun den Gläubigen zur Verfügung gestellt: im Rahmen einer orgiastischen Hochzeits- und Totenfeier mit Freude, Leiblichkeit und Gewalt, die immer noch andauert. Rotgekleidete Derwische fungieren als Ordnungshüter und schwingen ihre schweren Holzknüppel.

Die Dämmerung bricht an. Kaum ein Durchkommen zu meinem geliebten Teehaus, es liegt nur wenige Schritte entfernt, aber ich erreiche es nur über Umwege. Mühsam zwänge ich mich auf eine Bank. Ratten huschen die Wand entlang, es riecht nach Schweiß und Urin. Ein vollbärtiger, recht beleibter Mann neben mir rümpft die Nase: «Furchtbar, diese *mutar-kola* der Pandschabis!»

«Wie bitte?», frage ich zurück.

«So nennen die schwarzen Pandschabis doch ihren Urin», klärt er mich auf und hebt seine buschigen Augenbrauen. «Schauen Sie sich doch um, hier sitzen doch nur Linsenfresser aus dem Pandschab!»

Auf diese etwas ungewöhnliche Weise beginnt unser Gespräch. Wie sich herausstellt, kommt der Mann aus Quetta, seine Muttersprache ist Brahui. Er schwört darauf, dass die meisten Pilger aus dem Pandschab kommen: «Sind Ihnen außerdem die vielen Masseure aufgefallen? Die kommen alle aus dem Pandschab und machen nur *ganda kaam*, schmutzige Sexarbeit. Dreckige Kerle, die mit ihren Ölfläschchen scheppern und den Kunden in einem dunklen Winkel einen mit der Hand runterholen, *dasti* eben oder wie nennt man das bei Ihnen? *H. P. – hand practice?* Nicht nur das, sie bieten sich auch von hinten an.»

Verächtlich spuckt er eine hellgrüne Masse auf den Boden – ausgelaugtes *naswaar*. Man könnte eine Linie durch Pakistan ziehen, ungefähr dem Verlauf des Indus entsprechend: Auf der östlichen Seite spucken Leute roten Betelsaft, auf der westlichen grünen oder braunen *naswaar* – Mundtabak, ein Stimulanz, das aus pulverisiertem Tabak, Pflanzenasche und etwas Kalk besteht.

Mein Tischnachbar hat aus einem Spiegeldöschchen eine neue Prise aus hellgrünem Quetta-*naswaar* hervorgeholt, die er nun mit einer geschickten Bewegung unter seine Zunge wirft. «Haben Sie nicht gehört, dass sie auch Leute ausrauben?», fährt er fort, ist aber nun – den Mund voller Tabak – für mich ziemlich undeutlich zu verstehen. «Diese Masseure kennen einen speziellen Griff am Hals, der die Kunden bewusstlos macht. Man wacht nach einigen Minuten auf und weiß nicht, was einem geschehen ist.»

Er spuckt wieder. «Sehen Sie doch nur, wie diese Frauen durch die Straßen gehen und fremde Männer sich an ihnen reiben. Wie unschicklich und ehrlos! Unsere Frauen tun dies nicht. Und Hidschras, die weder richtige Männer noch Frauen sind, sieht man an jeder Ecke, die würde man in Quetta erschießen», fügt er entschieden hinzu.

Unwillkürlich richten wir unsere Blicke auf die gegenüberliegende Häuserfront. Auf den Dächern und auf einer Empore sitzen sittsam bedeckte Frauen und schauen auf das lebhafte Treiben hinunter. In den Stockwerken eines hohen, an der Ecke des Schreinportals gelegenen Hauses sind sämtliche Fenster, Balkone und das Dach von Frauen bevölkert. Unmittelbar gegenüber von uns zeigen sich Hidschras auf einem kleinen Balkon im ersten Stock eines Hauses – ältere mit grell geschminkten faltigen Gesichtern und attraktive junge in farbenprächtigen Gewändern. Sie rauchen, scherzen laut und grüßen gestenreich Bekannte auf der Straße. Traditionellem Brauch entsprechend tanzen und singen die Angehörigen des ‹Dritten Geschlechts› in Südasien bei Anlässen wie Geburt, Beschneidung und Hochzeit. Es gilt als glückverheißend, wenn sie obszöne Verse und Lieder vortragen, die auf Schwangerschaft und Fruchtbarkeit anspielen. Im Tanz karikieren sie provozierend weibliche Sexualität. Dafür werden sie mit Geld oder in Naturalien entlohnt. Wehe man gibt ihnen zu wenig! Ihre wüsten Flüche und unheilbringenden Verwünschungen sind gefürchtet. Deswegen erhalten sie bei ihren Bettelzügen in den Städten auch von den Ladenbesitzern Geld, die öffentlichen Ärger mit ihnen vermeiden wollen. Sonst leben sie vor allem von *business*, der Sexarbeit mit männlichen Kunden. Eine Pilgergruppe überquert den Platz mit einer großen, schwarzen Fahne, auf der die Worte *Ali* und *Allah* eingestickt sind. Verstärkt durch ein Megaphon wiederholen sie diese Namen laut rufend immer wieder und pflügen sich durch die Menge. Bei Sonnenuntergang zieht die nächste Henna-Prozession vorbei: Das *mehndi* wird feierlich unter einem Baldachin getragen und mit Fahnen und musikalischer Begleitung zum Grab des Qalandar gebracht. Die dichte Atmosphäre auf dem Platz um die alte Standarte, der Pulsader Sehwans, steigert sich immer weiter durch die aus laut aufgedrehten Lautsprecherboxen tönende Stimme der Sängerin Nasibo Lal, durch rhythmisches Trommeln aus verschiedenen Richtungen des Platzes, krachende Böller, die gellenden ekstatischen Zwischenrufe *naare haidari – ya Ali* und *mast Qalandar, mast Qalandar*, untermalt vom ständigen Klappern der Teegläser und Colaflaschen. Plötzlich ein Stromausfall, ein *load-shedding*, für einige Minuten wird es fast völlig dunkel. Als der Strom wieder da ist, erschallt von überall her dankbar der Ruf: «Es lebe Ali!»

In der Tischrunde im Teehaus werden verschiedene *melas* verglichen. Das Fest hier in Sehwan sei doch bestimmt das größte in Pakistan. Einer widerspricht, die *mela* von Sachi Sarwar bei Dera Ghasi Khan dauere doch drei Monate; viele Sikhs aus Indien würden dorthin pilgern. Oder sei nicht das Fest in Adschmer Scharif im benachbarten Radschasthan das größte in Hindustan? Ich erinnerte mich an meinen Besuch dort im November 1996. Damals schrieben die lokalen Zeitungen von zweihunderttausend Besuchern, also erheblich weniger Pilgern als hier. In der engen Altstadt von Adschmer gab es laufend Lautsprecherdurchsagen über Vermisste und die Aufforderung «Nehmen Sie ihre Kinder an die Hand!» Das Gedränge in den Gassen war jedenfalls ähnlich gefährlich wie hier in Sehwan.

«Wissen Sie, dass hier früher bei der alten Standarte Käfige mit Tigern standen, dort oben beim Konvent der Derwische von Murschid Bahura Badal Scher?», fragt mich ein junger Pandschabi. Als Festschmuck hat er sich eine silberglänzende Münze in sein rechtes Ohr gesteckt. Er lehnt sich zurück. «Das ist noch nicht so lange her, mein Vater hat sie gesehen. Er erzählte mir, dass schon der Qalandar drei Tiger, drei *scher*, gehabt habe, ihre Namen waren Badal Scher, Kala Scher und Lal Scher. Die drei Fakire und Schüler des Qalandar, die auf diese Tiere aufpassten, erbten die Macht des Heiligen, der ja unverheiratet blieb. Deshalb sitzen sie heute noch auf einem Tigerfell.»

«Nun, der Vermieter unseres Hauses hier hat mir etwas anderes erzählt», mischt sich sein Tischnachbar mittleren Alters ein. «Er sagte mir, dass die Herrscher des Fürstentums Dschunagarh früher lebendige Tiger als Gaben für den Qalandar nach Sehwan schickten.»

«Nein, ‹Scher› ist doch nur ein Name», meint ein anderer, «nach Badal Scher ist eine Gruppe von Qalandar-Anhängern benannt, auch die Sayyids hier im Sabswari-Viertel gehören dazu.»

Sayyids sind die Nachkommen des Propheten, in Sehwan stammen viele von ihnen aus dem Ort Sabswar im Iran.

Am Abend wandere ich zurück zum Zelt. Von der Veranda eines Derwischkonvents unweit des Schreins von Bodla Bahar dringt die Stimme eines Sängers herüber, begleitet von einem Harmonium und einer Tabla, der vor allem in der klassischen indischen Musik verwendeten Trommel. Es sind mystische Gesänge in Sindhi, vorgetragen mit einem weichen, warmen Timbre. Die Dunkelheit verzaubert den Ort, die Luft geschwängert von Klängen, Düften, Gerüchen, flirrenden Stimmen in verschiedensten Sprachen. Junge Männer tanzen zu den Farbblitzen und Detonationen eines Feuerwerks, eine Gruppe von Pilgern zieht mit einem prächtig geschmückten Kamel vorbei zur *darbaar*.

Bei einer Garküche kurz vor der Brücke kehre ich ein, ruhe aus und esse Brot und Linsen – sicherlich zu wenig angesichts meines Kräfteverlusts und auch nicht besonders wohlschmeckend. Am Tisch sitzt ein junger Pandschabi, der seinen Freunden stolz zweieinhalb längliche gelblich-grüne Blätter zeigt, mit Verästelungen, in denen er arabische Schriftzeichen erkennt. Oder sind es Fraßspuren von Insekten? In einer dieser Spuren liest er den Namen *Ali*. Ein Zeichen göttlichen Wirkens in der Natur!

Wie sehr ist die Wahrnehmung von Dingen doch kulturell geprägt. Wo man im Westen Figürliches zu erkennen glaubt, sind es arabische Schriftzeichen in der muslimischen Welt. Die segensreichen Blätter bewahrt der junge Mann sorgfältig in seinen Dokumenten auf. Er rät mir, oben auf dem Gelände der antiken Festungsanlage nachzuschauen, dort könne man solche Blätter an den Büschen finden. Man solle zweieinhalb Blätter pflücken, dies bringe Glück. Viele Pilger würden sie auch als Heilmittel essen.

Im Zelt richte ich mir meinen Schlafplatz her. Zu dieser Jahreszeit ist es noch warm. Richtig unerträglich war es bei einer Wallfahrt zwei Jahre später, als sich das Fest dem Mondkalender folgend in die Mitte des Septembers vorschob. Damals schwitzte ich auch während der Nacht, und an Schlaf war höchstens frühmorgens zwischen vier und sechs Uhr zu denken. Arif Sain und mir wurde Luft zugefächelt, die Malangs und Pilger wechselten sich dabei einander ab.

Sehwan ist selbst die Nacht hindurch bis in die frühen Morgenstunden lebendig, verzückt, berauscht in der Verehrung von Lal Schahbas. Etwa gegen drei Uhr zieht eine große Gruppe von Derwischen in einer langen Kette hintereinandergehend an den Zelten unterhalb der alten Festung vorbei. Es mögen fünfzig oder gar hundert Männer sein, vielleicht auch mehr, im fahlen Licht des zunehmenden Mondes sind sie für mich nur schemenhaft wahrnehmbar. Mir scheint, dass es nur die rotgekleideten ‹Schüler› von Bodla Bahar sind, die als innerste Gruppe von Derwischen und Fakiren mit diesem gemeinschaftlichen Ritus dem

Schutzpatron von Sehwan huldigen. Sie tragen Fackeln, singen Hymnen und blasen in ihre Signalhörner. Sain-dschi ist wach und deutet mir gestikulierend an, dass sie die gesamte Ortsgrenze von Sehwan entlang wandern – ein Ritual, mit dem traditionell der letzte Haupttag des *urs*-Festes beginne. Die Derwische bewegen sich wie bei der Umkreisung der Kaaba entgegen dem Uhrzeigersinn um die Stadt, sie zirkambulieren also anders herum als die Prozessionsteilnehmer bei der Verehrung hindu-muslimischer Heiliger im indischen Maharaschtra. Doch hier wie dort werden durch solche Riten die Grenzen einer Siedlung geheiligt und vor den äußeren Gefahren der Wildnis geschützt. Der nächtliche Umzug hält mich noch lange wach.

Der dritte Tag

Als ich aufwache, ist Arif Sain bereits mit einem Helfer zum Holzsammeln gegangen. Die anderen Malangs und Pilger widmen sich der Körperpflege, gebrauchen ihr Zahnputzholz, waschen sich ihr Gesicht, streichen sich Öl ins Haar. Bola hat in der Nacht viel *buuti* getrunken und redet nun pausenlos. Er führt die *langar*-Küche, schenkt Tee aus und bereitet zum Frühstück süße Nudeln. Als am Nachbarzelt ein dort angebundener Hahn herumstolziert und krähend auf sich aufmerksam macht, bemerkt er trocken: «Noch krähst du und bist ein stolzer Badschah, aber bald wirst du im Kopftopf landen!» Vielleicht spielt Bola damit auch auf ein Sufi-Gleichnis an, demzufolge die Herrschaft des Sultans und Schahs in dieser Welt zeitlich begrenzt ist.

Bevor ich heute, wie geplant, in das Gästehaus von Sayyid Imdad Ali Schah umziehe, möchte ich noch die alte Festung besuchen. Nach einem kurzen Weg durch die Schlucht hinter der Brücke stehe ich auf dem felsigen Plateau und finde auch die besagten Sträucher, bei denen zahlreiche fromme Pilger stehen und die einzelnen Blätter in Augenschein nehmen. An der höchsten Stelle liegt ein kleines Heiligtum mit dem Grab von Kango Suwaar, einem Diener des Qalandar, der dessen Botschaften weitertrug, indem er wie sein Meister nach Art der Schamanen seine Gestalt wechselte und als Greifvogel durch die Lüfte flog. Von hier reicht der Blick weit über die Ebene des Indus und über das hügelige Sehwan mit seinen ineinandergeschachtelten Flachdachhäusern, den angelagerten bunten Zelten, den rauchenden Herdfeuern und der Vielzahl an Gräbern. Südwestlich der goldenen Kuppel des Qalandar-Mausoleums liegt das fast ebenso hohe, mehrstöckige Pathan Kafi, ein großer Gebäudekomplex mit einem Derwischkonvent und zahlreichen Grabstätten. Das älteste Grabmal gehört einem angesehenen Diener, der gemeinsam mit dem Qalandar aus dem iranischen Marwand gekommen sein soll. Die paschtunischen Derwische, die den Schrein hüten, betrachten die Verbindung des Qalandar zur schiitischen Glaubensrichtung als Verfälschung und betonen demgegenüber, dass der Heilige Sunnit gewesen sei. Auch von diesem heiligen Ort will ich mir noch einen Eindruck verschaffen.

Zurück im *dera* verabschiede ich mich von Sain-dschi, Aslam, Bola, Kamoke und dem Faltigen, danke ihnen für ihre Gastfreundschaft, nehme meine Schultertasche und mache mich auf zum Haus des *piir*, das unmittelbar neben dem Schrein des Qalandar liegt. Hinter der kleinen Brücke beim Friedhofsgarten ist das Menschengedränge bereits so groß, dass kaum an ein Durchkommen zu denken ist. Daher weiche ich wieder auf Nebengassen aus, verliere mich darin und finde erst wieder Orientierung in der vertrauten Umgebung der Chud Mohalla, bei Baschirs Laden, der jedoch geschlossen ist. Die Anzahl der Pilger muss sich vervielfacht haben, allerorts sind Bettgestelle an den Hauswänden entlang aufgereiht. Je mehr ich mich dem Grabmal des Qalandar nähere, desto dichter die Massen. Ich nehme einen weiteren Umweg und bewege mich zunächst hinunter in die breite, von Devotionalienständen gesäumte Hauptgasse, die vom Südeingang des Schreins durch das Sabswari-Mohalla-Viertel in Richtung des Pathan-Kafi-Gebäudekomplexes führt.

Neben einem Soft Drink-Stand hat ein Betel-Verkäufer seinen Bauchladen abgestellt, er unterhält sich mit einem *mandschanwala*, der in Plastikfläschchen abgefülltes Zahnpulver und auch Gewürznelkenöl gegen Zahnschmerzen anbietet. In der Mitte der Gasse schieben sich verkrüppelte, gehunfähige Bettler voran, auf niedrigen karrenartigen Holzgestellen sitzend oder liegend, unter denen kleine Räder befestigt sind. Ein Leprakranker streckt mir seinen Armstumpf entgegen. Daneben ein erbarmungswürdiger Mensch, der nur noch aus einem Rumpf besteht, ohne Möglichkeit, sich der Fliegen zu erwehren oder sich aus dem Sonnenlicht zu schieben. Pilger werfen Münzen in eine Blechschale, die auf seinem Bauch liegt. Wie abgestumpft bin ich angesichts dieses Leids? Ich sehe es nicht zum ersten Mal, doch es erschüttert mich, zumindest für Minuten. Sind die kleinen Rupienscheine, die ich hervorkrame, wirklich eine Gewissenserleichterung?

Bei einem Bettler bleibt man nicht stehen, man gibt und geht seiner Wege. Nur einige Schritte entfernt sitzt ein ganz in Grün gewandeter, bärtiger Mann mit einem winzigen Kopf in einem Rollstuhl. *Pinheads* – ‹Nadelköpfe› – werden Mikrozephale im Westen mitunter genannt, hier nennt man sie *Tschuhas* – ‹Ratten› – wegen ihrer fliehenden Stirn und ihrer nervös-abrupten Bewegungen. Wurden diese geistig behinderten Menschen in Europa im neunzehnten und zwanzigsten Jahrhundert noch in Freakshows neben anderen Ungestalten zur Schau gestellt, so leben sie in Pakistan als religiöse Wanderbettler, in der Regel begleitet von einem Gesunden, der sie füttert und sich um sie kümmert, oft fürsorglich, wie ich im Pandschab des Öfteren beobachten konnte. Hier ist es eine alte Frau, vielleicht seine Mutter, die den Tschuha langsam durch die Gasse schiebt und ihm Luft zufächelt. Ich beobachte, wie einer der vorübergehenden Pilger ihm Geld gibt und sich dann von ihm küssen und segnen lässt. Im Volksglauben gelten Tschuhas als Menschen, deren Geist Gott zu sich gezogen hat. Sie sind besonders dem Heiligen Schah Daula geweiht und stehen unter seinem Schutz. Unmittelbar neben den Verkrüppelten und Bettlern lassen sich Pilger von Straßenfotografen auf Polaroid ablichten.

Ich frühstücke in einem einfachen Restaurant, eher ein offener Unterstand, in dem billiges Essen und Tee zubereitet werden. Es liegt direkt an der Hauptgasse neben einem Kino; ein Blechdach schützt vor der bereits intensiv strahlenden Sonne. Ich lasse mich nieder auf einem *tscharpoy,* einem Bettgestell, das hier als Sitzbank dient, und bestelle *paratha* – in Schmelzbutter gebackenes Fladenbrot aus Weizenmehl, warm und sättigend für den ganzen Tag. Unter dem Bettgestell kämpfen Katze und Hündin um einen Brocken. Neben mir zwängt ein kräftiger Mann seine Hände an zwei Stellen in die grobe Raffia-Bespannung seines *tscharpoy* und wuchtet es von der Sonne in den Schatten. Ich sitze eine ganze Weile hier und ruhe mich von dem Herumwandern aus. Die Gasse im Blick, stutze ich plötzlich. Ein Mann mit dunkelbraunen Haaren und hellerer Haut verlangsamt seine Schritte, unschlüssig bleibt er beim Eingang des Restaurants stehen, fragt den Koch etwas. Sein bärtiges Gesicht und seine Augen haben etwas Fuchs- oder Wolfartiges, er trägt europäische Kleidung und keine Kopfbedeckung. Plötzlich erkenne ich ihn wieder. Er sieht mich ebenfalls erst forschend, dann verblüfft an.

«Mubarak Dschan?», frage ich.

«Bei Gott, dem Allmächtigen! Jürgen – Wasim, ist es möglich? Bist du es wirklich?»

Wir umarmen uns. «Das muss Gott so gewollt haben! Unter Hunderttausenden haben wir uns gefunden!»

Wieder und wieder drücken wir unsere Überraschung aus, den anderen gerade hier nach so vielen Jahren wiederzusehen. Im Jahre 1981, während meines ersten Aufenthaltes in Pakistan, hatte ich Mubarak Dschan kennengelernt im Hochgebirge des Karakorum, im Hunza-Tal, wo er herstammt. Damals begleitete mich sein jüngerer Bruder hinüber in die Dörfer Nagers zu meinen ersten Forschungen als Ethnologe. Mubarak dolmetschte für eine Kollegin und ging schließlich, begeistert von der Revolution Khomeinis, für längere Zeit in den Iran. In den 1980er-Jahren wurden wir gute Freunde, dann verloren wir uns aus den Augen. Mubarak heiratete eine junge Frau, deren Familie schon vor vielen Jahren aus Hunza hinunter in den Pandschab gezogen war, nach Lahore. Vor Jahren hatte ich Mubarak dort ausfindig gemacht und wir hatten uns getroffen, er lebte in einer Colony am Rande der Metropole, Stunden vom Stadtzentrum entfernt. Doch es war bei diesem einen Treffen geblieben – und nun sahen wir uns an einem Ort wieder, an dem ich ihn nie erwartet hätte! Mit Heiligenkulten, die von einer derart emotionalen und ekstatischen Frömmigkeit getragen werden wie in den Stromebenen des Indus, hatten die Bergbewohner eigentlich nie etwas im Sinn.

Aber Mubarak ist ein tiefgläubiger Schiit – hat er sich vielleicht einer schiitischen Pilgerkarawane aus Lahore angeschlossen? «Es war ein ganz spontaner Entschluss», erzählt er. «Ein befreundeter Arzt ist der *mir-e kaafila*, der Führer einer großen Pilgergruppe aus Lahore. Er behandelt Kranke während des Festes kostenlos. Dieses Jahr habe ich mich angeschlossen, weil ich hoffe, dass der Qalandar alles zum Guten wende. Weißt du, ich hatte mit der Bank, für die ich all die Jahre arbeitete, den *golden handshake* gemacht. Dieses Geld habe ich investiert, aber es ist alles nichts mehr wert, alles ist weg.»

Nach Einzelheiten frage ich lieber nicht. «Wann bist du angekommen?», erkundige ich mich.

«Gestern Abend. In der Nacht habe ich dann am Grab des Qalandar gebetet und endlich fand ich inneren Frieden und Geborgenheit. Trotzdem bleibe ich nicht länger, wie hältst du das nur aus? Die *mela* ist nicht mein Geschmack.»

Wir bestellen Tee und reden weiter, tauschen Erinnerungen aus. Schließlich gehen wir gemeinsam in Richtung Schrein, denn Mubaraks Pilgergruppe kampiert in einem Hof unweit des Hauses von *piir* Imdad Ali Schah. «Bist du sicher, dass du noch bleiben willst?», verabschiedet sich Mubarak, «du könntest doch mit mir nach Lahore zurückfahren. Mein Zug fährt am Abend – überleg es dir!»

Nachdem ich den *piir*, der in seinem Audienzzimmer von frommen Anhängern in Beschlag genommen ist, kurz begrüßt habe, führt mich einer seiner Malangs in eines der Gästezimmer im oberen Stockwerk, in dem Männer aus Lahore und aus dem Sindh zwischen ihrem Gepäck lagern. Draußen auf der Terrasse kampieren Familien mit Frauen und Kindern unter Sonnenplanen, die zwischen Bambusstöcke gespannt sind.

Ich zolle meiner Atemlosigkeit und den Anstrengungen der letzten Tage ein wenig Tribut, lege mich an dem Ort nieder, der mir zugewiesen wurde, und bleibe einfach liegen, döse vor mich hin und nicke schließlich für ein Weilchen ein. Später notiere ich meine Beobachtungen: eine regelmäßige Gedächtnisübung – ob im *dera* von Arif Sain, in Heiligenschreinen, Teehäusern, Hotels oder im Zug, ich benötige nur mein kleines Ringbuch und einen Kugelschreiber. Selten werde ich beargwöhnt, doch falls die Blicke misstrauischer sind, erkläre ich gerne, dass ich mir Historisches aufschreibe oder etwas zur Kunst, zur Sprache, zu Dingen des alltäglichen Lebens. Entweder vergeht dann schnell das Interesse an einem solchen Spinner, oder es entwickelt sich ein interessantes Gespräch.

Am Abend mache ich mich wieder auf. Ich möchte in das schräg gegenüberliegende Restaurant *Dschaan Belutsch* gehen, um etwas zu essen. Doch die Menschenmenge vor der Tür des Gästehauses, die sich in dem breiten Areal zwischen dem Mausoleum des Qalandar und der Hauptstraße bewegt, ist noch dichter gedrängt als sonst. Ein Durchkommen scheint kaum möglich. Denn zusätzlich ist der Platz noch eingeengt durch Basarbuden, Metallzäune und große, auf glühende Holzkohle gestellte Kochtöpfe, die mit süßem Reis für die Pilger gefüllt sind. Daneben ein Unterstand mit zehn oder zwölf Töpfen, in denen das Fleisch eines frisch geschlachteten Kamels zubereitet wird. Ich versuche mich entlang der Hauswand zu winden, zwischendurch auf eine Lücke im Menschenstrom wartend, um wieder einige Meter vorzurücken. Geradewegs über den Platz zum Restaurant zu gehen, Luftlinie höchstens hundert Meter, erscheint schier unmöglich. Warum ist das Gewühl heute so viel größer als an den beiden Tagen zuvor? Ich frage einen Basari in einem Laden, an dem ich mich vorbeidrücke. Er erklärt: Wegen eines VIP-Besuches habe die Polizei seit Mittag mehrere Straßen gesperrt – der Provinz-Gouverneur werde erwartet. Trotzdem, zurück möchte ich nicht, so gliedere ich mich wieder ein in den Strom der Pilger und gelange schließlich irgendwie auf die Hauptstraße.

An einer Stelle des Platzes, wo eine niedrige Mauer zu überqueren ist, sollte mir bei der *mela* im nächsten Jahr ein fast folgenschweres Missgeschick passieren: Seit Tagen hatte es in Sindh geregnet, die Wege in Sehwan waren in Morast verwandelt, der Boden glitschig wie Schmierseife und die Sandalen mit Wasser vollgesogen. Mitten in den Wogen der Menschen übersah ich dieses Mäuerchen, stolperte und fiel auf die Knie in den Schlamm. Geistesgegenwärtig packte mich von hinten eine energische Faust im Nacken, so wie man eine Katze greift, und stellte mich wieder auf die Füße. Dies alles im Bruchteil einer Sekunde, bevor die Nachdrängenden mich unter sich begraben hätten.

Jetzt komme ich zwar – *schukr al-hamdulillah*, Dank und Lob sei Gott! – ohne Sturz vorwärts, werde jedoch in einen Strudel von Menschen gerissen, in dem ich selbst keine Gewalt mehr über meine Körperbewegungen habe; eine bestimmte Richtung einzuschlagen ist unmöglich. Eine Welle treibt mich weg vom *Dschaan Belutsch*. Das Chaos schreiender Pilger wird zum Albtraum, als sich ein Tanklaster und hinter ihm mehrere Pajeros, in dem sich VIPs entspannt in ihren Sitzen zurücklehnen, durch den Menschenstrom pflügen, ja fräsen. Ich fürchte, dass jeden Moment jemand zu Tode gedrückt, getrampelt oder überfahren wird. Das Schwimmen im offenen Meer war mir immer ein Gräuel, jetzt fühle ich die Angst eines Ertrinkenden. Mit energischem Körpereinsatz rette ich mich schließlich noch zur Seite in den Eingang eines Ladens.

Eine Nachricht, die ich vor einiger Zeit in der Zeitung gelesen hatte, schießt mir durch den Kopf: Im Frühjahr 2001 wurden in einer Massenpanik am Schrein von Baba Farid im Pandschab vierundvierzig Menschen zu Tode getrampelt und viele verletzt. Nach wenigen Augenblicken des Durchatmens werde ich vom Inhaber des Ladens wieder hinausgewiesen. «*Allah tala*, allmächtiger Gott! Wohin soll ich denn gehen? Wollen Sie etwa zulassen, dass ich da draußen zertreten werde?»

Ich diskutiere, aber der Mann mit dem teigigen Gesicht weicht mir aus, sieht mich nicht an und weist nochmals darauf hin, dass sein Geschäft nur für Kunden zu betreten sei. Wie kann jemand so rücksichtslos und geldgierig sein?

«*Paisa-wala*», schnauze ich ihn an, «friss doch dein Geld, bis du daran erstickst!»

Dann drücke ich mich einen Schritt hinaus auf die Straße.

In der Menge blinkt jemand mit einem Laserpointer in das Gesicht einer Hidschra, versucht ihre Augen zu treffen. Der Unbekannte verfolgt sie im Gedränge, und ich bin froh, dass er sein Ziel nicht erreicht. Es erinnert mich an eine Geschichte, die sich vor Jahren in Indus-Kohistan zugetragen hat, einem Stammesgebiet weit oben im Norden, im Himalaya in der Nähe des Nanga Parbat. Dort blinkte ein junger Kerl von einem Ufer des Indusstroms mit der Spiegelseite seines Tabakdöschens hinüber zur anderen Seite direkt in das Gesicht einer Frau. Er muss sie auf diese Weise eine ganze Weile belästigt haben, was den Männern ihrer Familie offenbar nicht verborgen blieb, denn einer von ihnen überquerte den Fluss an einer anderen Stelle, schlich sich an den Blender heran und brachte ihn kurzerhand um. Die Ehrverletzung war gesühnt.

Vor Kurzem las ich in einer Tageszeitung, dass bei Cricket-Veranstaltungen in einem Sportstadion in Karatschi die Benutzung von Ferngläsern verboten worden sei, um männlichen Voyeurismus zu unterbinden. Wie ausgehungert müssen viele Männer sein nach einem Blick auf weibliche Schönheit, nach einem Augenkontakt, nach dem Ausdruck von Gefühlen der Ausgelassenheit und Freude bei Frauen? In dieser Gesellschaft mit ihrer rigiden Geschlechtertrennung sollen sich Frauen dem herrschenden Verhaltenscode folgend sittsam bedecken; das Spiel der Augen wird in Städten häufig mittels Sonnenbrillen verhindert.

Im Gedränge der Pilger werde ich vorwärts geschoben, weiter hinunter bis auf Höhe des gegenüberliegenden *Dschaan Belutsch*. Um auf die andere Seite zu gelangen, schlüpfe ich mitten durch eine der Basarbuden, die eng aneinandergereiht kilometerlang den Mittelstreifen der Hauptstraße okkupieren. Schließlich erreiche ich den sicheren Hafen des Restaurants; mehr als eine Stunde ist vergangen, um den kurzen Weg vom Gästehaus hierhin zurückzulegen. Ich frage den Kellner, was er mir bringen könne.

«*Alu-goscht*, Kartoffeln mit Fleisch, *qiima-matar*, Hackfleisch mit Erbsen, *daal*, Linsen, alles was Sie wünschen», rattert er hinunter.

«Welches *daal* gibt es?»

«*Kaali aur pili, massuur daal bhi hai*, schwarze und gelbe, aber rote Linsen gibt's auch», er schaut bereits ungeduldig. Viel Zeit hat er nicht, die Kellner hasten unermüdlich durch die Säulenhalle, um dem Ansturm der Pilger nachzukommen.

«*Piliwali* – bringen Sie mir gelbe Linsen», bestelle ich und denke dabei an Pili, die Tänzerin. Was bedeutet es für Menschen wie sie, die weitgehend unfrei lebt, vielleicht gerade für einen der Vornehmen in der Stadt tanzt oder gar in einem der temporären Bordelle einem Kunden zu Willen sein muss, an diesem rauschenden Fest teilzunehmen? Oder für Tagelöhner, arme leibeigene Bauern, Arbeiter aus der städtischen Unterschicht, unterprivilegierte Hindus und Slumbewohner? Sind ihre Ausgelassenheit, überschäumende Euphorie und Trunkenheit während des Festes nicht auch ein Ventil angesichts ihrer beklemmenden Lebensumstände im Alltag? Viele dieser armen Anhänger des Qalandar kompensieren jedenfalls mit der Pilgerfahrt nach Sehwan Scharif die Hadsch nach Mekka, die sie sich finanziell nicht leisten können.

Nach der Rückkehr in die Pilgerherberge strecke ich ein wenig meine müden Glieder aus. Männer liegen und hocken in dem weißgetünchten, schmucklosen Raum, nehmen kaum Notiz von mir. Ich spreche meinen Nachbarn an. Er kommt aus einem Dorf bei Schikarpur im nördlichen Sindh und gehört zum Paschtunen-Stamm der Tarin. Seit seiner Jugend beschäftige er sich mit der Heilkraft der Steine, erzählt er, daher nennt er sich ‹Fakir

Hakim». («Hakim» nennt man einen traditionellen Heiler.) Das Wissen darüber verdanke er einer Segensgabe von Lal Schahbas Qalandar. Er zeigt mir seine Visitenkarte, auf der auch sein Beiname ‹Qalandri› steht. Schließlich berichte ich ihm von den feisten VIPs in den Autos und dem Chaos, dem ich glücklich entronnen bin.

«Jedes Jahr gibt es ein solch tödliches Gedränge in Sehwan. Und wenn erst der Gouverneur mit dem Hubschrauber landet und für die Politiker Straßen gesperrt werden, dann gibt es in den Gassen Szenen, als ob die Menschen in die Hölle getrieben würden. Heißt es nicht im Koran: ‹Fürwahr, wenn Könige eine Stadt betreten, dann verwüsten sie dieselbe›?»

Ich stimme ihm voll und ganz zu.

Schläfrig geworden schließe ich meine Augen, eingelullt von den Trommelrhythmen, die vom Vorplatz des Schreins herüberklingen. Bald wird es jedoch unruhig um mich her, Reißverschlüsse werden aufgezogen, Gepäck geschultert, Stimmen werden laut, einige Pilger verlassen den Raum. Ein junger Mann steht auf einmal neben mir, ich täusche mich nicht, es ist Kerbelai, der junge Schiit, mit dem zusammen ich vor zwei Tagen den Trancetänzern im Hof zugesehen hatte. Er ist ganz in Schwarz gekleidet, um das rechte Fußgelenk ein eiserner Reif und im rechten Ohr ein silberner Ring, augenscheinlich aufgrund eines Gelübdes in Erinnerung an Imam Sain ul-Abidin.

«O Ali hilf!», begrüßt er mich auf die in Sehwan übliche schiitische Art. «Wie geht es Ihnen? Wie hat Ihnen das tanzende Täubchen gefallen?»

Er spielt wohl auf mein Gespräch mit Pili, der Tänzerin, an, also muss er mich damals vor zwei Tagen doch noch weiter beobachtet haben.

«Habe schon gehört, dass Sie da sind», erklärt Kerbelai. «Neue Gäste sind angekommen, auch Frauen, daher müssen die Männer umquartiert werden. Unten ist noch ein kleines Zimmer, kommen Sie, ich zeige es Ihnen!»

Wie mir Kerbelai anvertraut, lebt er seit zwei Jahren als Fakir und arbeitet während der *mela* als Diener des Hausherrn, überdies hilft er draußen in der Freiküche, wo sich mannshoch Fladenbrote auf dem Boden stapeln. Er stammt aus einer Sayyid-Familie in der Stadt Sukkur im nördlichen Sindh. Sein Vater besitzt eine Autowerkstatt, aber damit hat er nichts im Sinn. Mit vierzehn zog er von zu Hause aus und schloss sich einer Gruppe von Pilgern nach Kerbela im fernen Irak an. Er führt mich die Treppen und verwinkelten Gänge hinunter. Aus dem Eckraum an der Gasse, in dem sich die Grabstätte eines der Vorfahren von *piir* Imdad Ali Schah befindet, gellen die wilden Schreie einer Frau. Fragend schaue ich Kerbelai an.

«*Pagal*», meint er lakonisch, «eine Wahnsinnige.»

Ich schaue durch das vergitterte Fenster. Ein Mann führt eine Frau, deren offene Haare wirr und lang herabfallen, mit fest zupackendem Griff mehrere Male um das Grab herum. Rüde stößt er ihren Kopf, presst immer wieder ihre Hände gegen die Wände, gegen die Kalligrafien und vor allem gegen den Grabstein. Währenddessen schreit die Frau hysterisch und wehrt sich gegen die grobe exorzistische Heilprozedur. Derartige «Therapien» an Heiligenschreinen erscheinen mir reichlich fragwürdig. Gelegentlich hatte ich psychisch Kranke und ‹von Dämonen Besessene› gesehen, die vierzig Tage und Nächte lang angekettet neben einem Grab hilflos mit nur wenig Nahrung vor sich hinvegetierten.

Kerbelai zieht mich zurück, er will nicht länger auf mich warten und hat schon Erfahrungen mit meiner ethnologischen Neugier gemacht. Unmittelbar an der Gasse, in der sich die Pilger voranschieben, liegt – ein wenig erhöht und zurückversetzt – eine lange schmale Veranda mit anschließenden Räumen. Der letzte davon ist eine winzige Kammer, jedoch mit separater Toilette, in der ein Ameisenstaat residiert. Auf dem Boden der Kammer sitzen zwei Malangs, bärtige Gestalten im Flickengewand, ausgerüstet mit mächtigen Keulen und langen Gebetsketten. Die stickige Luft ist vom Rauch ihrer *tschillam*-Tonpfeifen geschwängert. Die beiden lächeln freundlich und bieten mir Milchtee aus einer Thermoskanne an. Sie sind sowohl in die Sufibruderschaft der Qadiriyya, als auch der Qalandariyya initiiert. Der eine, der ein langes rotes Hemd trägt, heißt Ghulam Ali und kommt aus Musafargarh, der andere, Ghulam Nabi, mit Flickenkappe auf dem Kopf, stammt aus Toba Tek Singh – beides Orte im Fünfstromland. Viel Konversation ist wegen meiner schwachen Pandschabi-Kenntnisse nicht möglich. Also schweigen wir, schauen vor uns hin, und die beiden rauchen Haschisch. Am rechten Unterarm Ghulam Nabis fällt mir eine Tätowierung auf mit dem Schriftzug *dschi Schah Nurani*. Das ist der Name des Heiligen in Belutschistan, an dessen Schrein auch Arif Sains Karawane Station macht. Als ich mich zum Gehen anschicke, hebt Ghulam Ali den Kopf und sagt: «*Bhai* – Bruder, wohin willst du gehen? Bleib doch solange, bis die Kerze heruntergebrannt ist! Hier rauch mit, nimm etwas *dawai* – ‹Medizin› – oder trinkst du lieber *sabsi?*»

Sabsi heißt wörtlich ‹Grünzeug› und ist ein Codewort für den *bhang*-Rauschtrank. Ich lehne das Angebot mit aller Freundlichkeit ab, leiste den beiden freundlichen Malangs aber noch ein wenig schweigende Gesellschaft. Seit Beginn der Pilgerfahrt und auch bei früheren Reisen zu Heiligenfesten befürchtete ich stets, meine eigene Wahrnehmung durch Drogen einzuschränken, meine Sinneskanäle als Beobachter zu blockieren. Daher lehne ich in der Regel ab oder konsumiere nur maßvoll. Im Grunde weiß ich, dass ich mir dadurch den Eintritt in eine andere Erfahrungsebene der Feste selbst verwehre.

Bald gesellt sich ein neuer Gast des *piir* zu uns, der selbst auch ein *piir* ist, also zu einer Heiligenfamilie gehört. Er stellt sich als Mian Mohammad Muschtaq vor und spricht ein ziemlich flüssiges Englisch. In Chairpur sei er geboren, berichtet der Mann mit dem silberfarbenen Spiegelkäppchen und dem geschwungenen Schnurrbart, er lebe aber seit Langem mit seiner Familie in Karatschi. Wir reden über die sich der Qalandar-*mela* anschließende Wallfahrt in die Berge Belutschistans, die nach Nurani Scharif zum Schrein von Schah Bilawal Nurani und weiter in das benachbarte Lahut Lamakan führt, heilige Orte, die mehr als zweihundert Kilometer westlich von hier entfernt liegen. Bei der Nennung des letzteren wiederholt Ghulam Ali mit tiefer Stimme und langgedehnt *laa makaan* – kein Ort –, ein Platz zwischen Raum und linearer Zeit, den nur die Vollkommenen erreichen, die alles Irdische hinter sich gelassen haben und in Allah aufgehen. Ich erinnere mich an den Bericht meines Freundes Subair Ghori, der die Wallfahrt nach Lahut Lamakan einmal unternommen hat. Er erzählte mir, dass die Derwische dort insbesondere Ali verehren, den vierten Kalifen und ersten Imam der Schia, der seinen eigenen Leichnam auf einem Kamel durch diese entlegene Region mit ihren bizarren Felsformationen und Höhlen geführt haben soll. Nach den frommen und wundersamen Überlieferungen der Malangs und Fakire soll Ali zuvor in Lahut Adam und Eva das Brotbacken gelehrt haben. Selbstverständlich seien auch der Prophet und all die anderen großen Heiligen zu der großen Höhle gekommen, von der aus eine unterirdische Verbindung zu Mekka und Medina bestehe. An diesem mythischen Ort hat mein Freund Subair Malangs und Malangnis gesehen, denen während des Tanzes ein Falke auf dem Kopf oder eine Taube auf der Schulter saß. Einige Jahre später pilgerte ich selbst mit Freunden dorthin, allerdings mit einer bequemeren Anfahrt vom Süden her, kletterte durch die Schlucht die Eisenleitern hoch zur Höhle, betete dort, wo Adam zu Gott gesprochen haben soll, stieg durch den Felsspalt in das verzweigte Höhlensystem und sah vom Vorplatz aus hoch oben am Gipfelgrat des gegenüberliegenden Bergmassivs das steinerne Tor, an dem der Überlieferung nach Noah seine Arche festgemacht haben soll.

Die beiden Qadri-Qalandri-Derwische planen ebenso wie Arif Sain und seine Leute, nach der Sehwan-*mela* nach Lahut Lamakan weiterzuziehen. Ich frage Muschtaq, ob er dieses berühmte Heiligtum der Derwische schon besucht habe.

«Nein, ich war noch nie in Lahut», Muschtaq hustet schwer. Der Rauch in unserer kleinen Kammer steht inzwischen auch sehr dicht. «Die Reise ist beschwerlich und dauert im Durchschnitt zwei Wochen. Junge Leute gehen schneller, manche von ihnen bewältigen die Strecke gar in sieben oder acht Tagen; Ältere aber brauchen länger. Auf meinem Landgut in Chairpur lebt ein Fakir, Nango mit Namen, der die Wallfahrt zu Fuß unternommen hat. Meine Diener berichteten mir, dass er bei der dritten von insgesamt sieben *mansil* – Etappen – eines natürlichen Todes starb.»

«Entschuldigen Sie», unterbreche ich ihn, «wie lang sind denn jeweils die Wegstrecken?»

«Ein *mansil* beträgt ungefähr dreißig Kilometer, eine Tagesetappe für diejenigen, die schnell zu Fuß sind. Jedenfalls wurde Nango von seinen Begleitern bei der dritten Station begraben, und sie brachten mir später seine Habseligkeiten nach Chairpur, seine Halsketten, seinen Knotenstock. Sie können sich nicht vorstellen, wie entsetzt wir waren, als wir die Nachricht von seinem Tod erhielten. Ich sagte immer wieder: ‹Nein, nein, das kann nicht sein!› Ich glaubte nicht an seinen Tod, ich wusste, er musste leben. Was hätten die Leute sonst von mir gedacht? Ich bin ein *piir*.»

«Was haben Sie dann gemacht? Haben Sie Fakir Nango gesucht?»

«Ja, ich machte mich auf den Weg und fuhr mit dem Zug nach Sehwan Scharif. Neben mir im Abteil saß ein Maulvi, der ständig Tabak im Mund hatte, er roch wirklich nicht gut. Jedenfalls unterhielten wir uns dennoch sehr angeregt. Deshalb war ich abgelenkt, aber bei einer Station, es muss kurz vor Nawabschah gewesen sein, meinte ich, Nango lebendig und vergnügt auf dem Bahnsteig sitzen zu sehen. Aber ich war mir nicht sicher. Von Sehwan aus habe ich mich mit einem Führer in Richtung Lahut aufgemacht, doch an der angegebenen Wegstation gab es nirgends ein Grab. Nango musste also leben. Und wissen Sie, was passierte? Als ich nach Sehwan zurückkehrte, begegnete mir Nango unversehens im Hof des Schreins!»

Was für eine Wundergeschichte, denke ich und schaue wohl etwas skeptisch.

«Sie glauben mir nicht? Doch es ist wahr: Nango ist nach drei Tagen und drei Nächten aus seinem Grab gestiegen. Der Qalandar hat ihn ins Leben zurückgeholt, deshalb blieb er fünf Jahre als Diener an dessen Schrein in Sehwan. Erst danach kehrte er zu uns nach Chairpur zurück.»

«Auch wir sitzen gehorsam und treu wie Hunde vor der Schwelle des Hauses, in dem unser Qalandar wohnt, wir sind Fakire der Liebe.» Ghulam Ali legt sein *tschillam* zur Seite und wickelt den langen Tuchfetzen langsam von der Pfeife. «Mein Meister, Sufi Barkat Ali, der Segen Gottes sei mit ihm, war ebenfalls ein Diener von Qalandar Schahbas. Er war genauso mit dem Qalandar verbunden, wie man Wasser nicht mit einem Stock zu trennen vermag. Vor einigen Jahren hat er die letzte Wegstation erreicht, die Vereinigung mit Allah. Gott hatte ihm schon zu Lebzeiten *ruhani takat* verliehen, spirituelle Macht.»

Muschtaq übersetzt mir Ghulam Alis Worte, der fortfährt: «Eines Tages wanderte ein Malang durch die Straßen von Faisalabad und blieb bei einem *dschalebi*-Verkäufer stehen, der gerade in der Pfanne die heiß siedenden Zuckerkringel mit einer Schöpfkelle wendete. Er bat den Koch um ein paar *dschalebis*. Der Verkäufer antwortete, dass er noch ein wenig warten solle, die Kringel seien noch nicht fertig. Ungeduldig streckte der Malang jedoch seine Hand in das siedende Öl, fischte sich einige *dschalebis* heraus und steckte sie sich in den Mund – ohne Brandverletzungen davonzutragen. Gerade in diesem Moment kam mein Meister mit einigen Freunden vorbei und schaute interessiert zu. Der Malang rief: ‹Arre, Sufi-Sahib, komm her und nimm dir auch welche! Kannst du es auf die gleiche Weise?› Barkat Ali-Sahib trat heran, schob die Ärmel seines Hemdes hoch, tauchte seine beiden nackten Arme in das siedende Öl und hob alle Zuckerkringel auf einmal heraus. Als der Malang dies sah, lief er weinend weg, weil er erkannt hatte, dass er Gott noch fern war.»

«Von einer ähnlichen Begebenheit in Rawalpindi hat mir ein Freund erzählt», beteilige ich mich. «Sein Vater lud einen verzückten Gottsucher, einen ‹zu Gott Gezogenen›, zu einem Tee ein. Dieser setzte den Teekessel direkt an seine Lippen und trank den siedend heißen Tee daraus, ohne sich zu verbrennen.»

Draußen schwillt der pochende und dröhnende Rhythmus der Trommeln immer mehr an, *dhamaal* scheint in vollem Gange zu sein. «Lass uns nach oben aufs Dach gehen», schlägt Muschtaq vor. Die Terrasse neben den Gästeunterkünften im ersten Stock bietet eine ideale Aussicht hinunter in den Hof der Trancetänzer, auf ausgerollten Matten sitzen die schaulustigen Pilger eng beieinander, am Rande des niedrigen Geländers die Männer, dahinter Frauen und Kinder. Doch wir wollen noch höher hinauf. Gegenüber den Herbergsräumen lehnt eine Sprossenleiter an der angrenzenden Hauswand. Wir steigen hinauf und sind nun auf dem Dach des Eckhauses, in dessen Erdgeschoss der *piir* seine Anhänger empfängt und wo sich das Grab seines Vorfahren befindet. Viel Platz gibt es hier oben nicht, dafür bildet das Flachdach aber in exponierter Lage eine privilegierte Loge zum Schauen und Beobachten – allerdings ohne Brüstung, Geländer oder dergleichen. Unten der Hof als Bühne für die rituelle Praxis des Trancetanzes, dahinter die westliche Eingangsfassade des prächtig – wie ein Hochzeitssaal – geschmückten Mausoleums mit bunten Lichtgirlanden und Leuchtsymbolen in Form von Wirbeln, Sternen, Blüten, Kaaba-Ikonen und sprudelnden Brunnen, die wie in einer Disco flackern, daneben die Lichtsäule der neuen Standarte. Der Schrein des Qalandar erscheint wie mit leuchtenden Perlen geschmückt, gemeinsam mit den umliegenden Dächern, Terrassen, Balustraden und Fenstern bildet er eine eindrucksvolle Arena. Welch ein Raum, in dem sich Musik und Architektur begegnen!

Außer Muschtaq und mir sitzen nur Malangs und Fakire auf dieser Aussichtsplattform, wir erleben ein Gesamtkunstwerk mit einem Durcheinanderfließen verschiedenster Klangquellen. Über Stunden schauen wir gebannt hinunter in den Hof und seine weitere Umgebung. Ganz Sehwan scheint zu vibrieren, ist erfüllt von Rausch, Erregung und überströmender Emotion, ein orgiastischer Reigen von Körpern in Bewegung, Farben und Klängen. Die Arena um uns herum pulsiert – wahrlich kein Ort kontemplativer Spiritualität, vielmehr ein Platz der Ausgelassenheit, die sich mitunter bis zur Raserei steigert. Animalische Wildheit kommt zum Vorschein und wird ausgelebt. Mehr als hundert Frauen und Männer im Geviert des Hofes in ekstatischem Tanz, dazwischen Malangs, die ihre brennende Haschischpfeife wie eine Huldigung an den Qalandar in die Höhe strecken. Einige ganz in Rot Gekleidete drehen sich im charakteristischen Spiraltanz mit nach oben zeigenden, abgewinkelten Armen. Andere tanzen mit wieselflinken Bewegungen ihrer Füße, kaum den Boden berührend, ähnlich den Feuerläufern.

Ein Derwisch mit Flickenkappe segnet die Tänzer mit einem Pfauenwedel. In die Rhythmen der Trommeln und Pauken mischen sich die metallischen Klänge der Feuerzangeninstrumente und der grelle, durchdringende Sound der ‹Rausch-Oboe›, dazwischen gar eine Trompete. Unter uns ertönt das Scheppern der Kochkessel und Auftrageplatten von der Freiküche, die neben der Standarte eingerichtet ist. Das visuelle und auditive Drama berührt mich emotional, nein mehr noch, es zieht mich förmlich in einen Sog körperlich-seelischer Verzückung, tritt durch die Poren ein und fließt durch mich hindurch. Hingabe umfängt mich, reines Fühlen als Substanz des Lebens.

In diesem tosenden Meer von Klängen, Körpern und Bewegungen verliere ich mein Zeitgefühl. Es muss weit nach Mitternacht sein, als Kerbelai hochruft, dass der *piir* Essen geschickt habe, wir sollten hinunter auf die Terrasse kommen. Diener haben große Auftrageplatten mit süßem, safrangelbem Reis sowie

Schüsseln mit Ziegenfleisch und Kartoffeln bereitgestellt. Erst jetzt spüre ich meinen Hunger. Das Handwaschbecken wird herumgereicht. Wir hocken im Kreis, die meisten mit hochgezogenem rechten Knie – die übliche Haltung beim Essen, einige sitzen mit untergeschlagenen Beinen. Schnell sind die Platten geleert. Im Anschluss wird erfrischender grüner Tee in Porzellanschalen gereicht.

Kerbelai wendet sich an Muschtaq und mich mit der Ankündigung, es seien weitere wichtige Gäste angekommen, der *piir* würde den unteren kleinen Raum benötigen, aber wir könnten auf dem Dach schlafen. Unser Gepäck werde er gerne hinaufbringen. Wir haben keine Einwände, die stickige Kammer gegen die luftige Aussichtswarte einzutauschen. Zurück auf dem Dach, überkommt mich bald bleierne Müdigkeit, trotz der Lautstärke der Trommeln und übrigen Geräusche, die ich als pulsierende Wellen in der Magengegend spüre. Ein ungewohntes und nicht gerade angenehmes Gefühl, schließlich ist es Jahrzehnte her, dass ich das letzte Mal in unmittelbarer Nähe von Lautsprecherboxen Rockkonzerte erlebt habe. An geruhsamen Schlaf ist nicht zu denken, immer wieder ändert sich die Zusammensetzung der Schaulustigen auf dem Dach, Derwische klettern über uns hinweg, treten in der Dunkelheit auf unsere Füße. Irgendwann merke ich, dass Kerbelai an meiner Seite schläft, seine stetigen Atemzüge geben mir ein Gefühl von Geborgenheit und schenken mir etwas Ruhe.

Der vierte Tag

Die ganze Nacht hindurch wird *dhamaal* ohne Unterbrechung getrommelt und getanzt. Am Morgen hat sich die Zahl der Trancetänzer im Hof noch erhöht: Frauen bilden eine gestaffelte Zuschauergruppe zunächst in Form eines Dreiecks, dann eines Ovals, schließlich eines Halbkreises. Einige stehen mit dem Rücken zum grünen Gitter des Schreins, die meisten sitzen jedoch am Boden, in ihrer Mitte die Tänzerinnen. Etwa zwei Drittel der übrigen Zuschauer sind Männer, die hinter den Frauen stehen. Zwar gibt es noch kleinere Gruppen von männlichen Ekstasetänzern an anderen Stellen des Hofes, doch ziehen sie nicht die Aufmerksamkeit in der Arena auf sich. Zwei Frauen tanzen einander gegenüber, drehen sich, ihre langen offenen Haare schleudernd, dann wieder mit den Armen weite, ausladende Bewegungen beschreibend, in ihrem Ausdruck viel individueller, freier und sinnlicher als die Männer. Das Wenden und Kreisen ihrer Hände und Finger erinnert an indische Mudras. Weitere Frauen betreten den Tanzkreis, mitunter sind es acht bis zwölf Tänzerinnen, die sich selbstvergessen drehen und kreisen wie der Strom der Gläubigen um die Kaaba, und im Augenblick dieser Gegenwart des Göttlichen – dem *waqt-e haal* – das Grundthema des Festes verwirklichen: die Liebe, die Herzensverbindung zu Gott und die Entäußerung in Rausch und Ekstase. Sie scheinen den Duft der Vereinigung einzuatmen, ja einzusaugen, und in den Zustand des *lahuut-lamakaan* einzutreten – ‹kein Raum, kein Selbst›. Rauschhaftes Empfinden der Nähe zum Qalandar, erotische, überströmende Hingabe an ihn, Sehnsucht nach Gott oder ekstatischer Taumel an sich, pure Verzückung? Oder fließt alles ineinander? Doch bestimmt ist dieser Tanz auch ein Ventil für Kummer und Leid, ein heilsames Ausagieren im Alltag erlittener Schmähungen. Verspannungen und Druck lösen sich im Tanz, alles lässt sich vergessen, man tanzt sich die Sorgen von der Seele und fühlt sich im Einklang mit sich und der Welt. Wo haben Frauen in dieser Gesellschaft sonst die Möglichkeit, ihren Körper so zu spüren, wenn nicht hier, in dieser Gegenwelt des Qalandar-Schreins?

Mir fällt auf, dass die sittsam bedeckten verheirateten Frauen meist mit weichen und getragenen Bewegungen beginnen und sich langsamer in Trance arbeiten. Manche lassen ihr zu einem Knoten gebundenes Haar mit einem Tuch bedeckt. Der größte Stolz der Pandschabi- und Sindhi-Frauen sind ihre mitunter bis zu den Waden reichenden langen Haare; diese erotische Haarpracht zu zeigen würde bedeuten, ihr Selbst bloßzulegen. Denjenigen, die hier ihr Haar vor dem Tanz lösen, reicht es bis zu den Schultern oder bis auf den Rücken. Ich beobachte, dass sich einige nach der Trance wieder Kopf und Oberkörper mit ihrem Tuch verhüllen. Moral scheint also ebenso situationsabhängig wie auch in Normen verankert zu sein.

Auch als schließlich für einige Minuten keine Tänzerin mehr den freien Raum betritt, trommeln die *dhol-walas* weiter, und der Kreis der Zuschauer bleibt stabil. Schon bald traut sich wieder eine Frau in den Kreis, und schnell folgen ihr weitere. Polizisten ordnen mit Stöcken den äußeren, gelegentlich herandrängenden Ring der männlichen Zuschauer. Zwei junge Frauen sind in rasender Ekstase, die als Ausdruck der Gegenwart des Göttlichen gedeutet wird, als Präsenz des Qalandar, die die Tänzerinnen überwältigt. Sie erfahren den Heiligen durch ihre Bewegungen. Sie schleudern ihre Köpfe, rotieren mit ihren offenen Haaren und geraten dabei kurz in die Nähe der Männer, doch werden sie von einer Begleiterin in den jetzt nur Frauen vorbehaltenen Performanzraum zurückgezogen. Dort lassen sie sich auf dem Boden nieder, kreisen mit dem Kopf und ‹fegen› den Hof mit ihren Haaren. Neben ihnen befinden sich ältere Frauen, die aufpassen, die Trance gewissermaßen führen und überdies von den umstehenden Männern Geld einsammeln. Eine Frau, die wegen ihrer langen, mit Henna gefärbten Haare auffällt, hält sich mit ihrer linken Hand am grünen Gitter des Schreinportals fest und bewegt sich dabei ekstatisch vor und zurück, bevor sie ihren Tanz in der offenen Fläche fortsetzt. Von ihrem Aussehen her erinnert sie mich an eine rothaarige Malangni am Schrein des Sufi-Heiligen Data Gandsch Bachsch in Lahore. Diese wurde Allah-hu-wali genannt – ‹die Gott als den Einen Anrufende› – und pflegte nur in einem weißen, gestärkten Gewand zu tanzen. Neben der Tänzerin mit den hennaroten Haaren bewegt sich ganz in sich gekehrt eine Frau, die ihren Kopf völlig mit einem Tuch verhüllt hat. Am Rande des Tanzovals wird gerade ein junges Mädchen von zwei älteren Begleiterinnen zum Tanzen aufgefordert – als glückverheißende Übung, um schwanger zu werden? Eine von ihnen löst das Haar des schüchtern wirkenden Mädchens und diese erreicht nach kurzer Zeit den ekstatischen Zustand der Gegenwart des Göttlichen, bevor die drei gemeinsam in das Innere des Schreins gehen. Fällt ein Mann in Trance und will sich den Tänzerinnen anschließen, so wird er von einem Ordnungshüter den Männergruppen zugeteilt. Nur die beiden Trommler stehen neben den Frauen in dem losen inneren Ring, in dessen Mitte getanzt wird. Nach fast einer Stunde verändert sich das Oval der Zuschauer zu einem Kreis, das Außengitter des Schreins wird wieder frei für andere Pilger. Etwa eine Viertelstunde später löst sich dieser Kreis auf, nur kurz – für einige Minuten – formt sich ein instabiler kleinerer Kreis, dann fällt auch dieser auseinander. Der Ekstase mit ihren Grenzüberschreitungen zwischen realer und transzendenter Welt sind auch natürliche, physische Grenzen gesetzt.

Für das obere Stockwerk der Pilgerherberge gibt es eine Toilette und eine Dusche, die sich meiner Schätzung nach etwa fünfzig bis sechzig Menschen teilen. Nach einigem Warten gelingt es mir, den Abort zumindest kurz aufzusuchen, bevor ein Ungeduldiger energisch an die Tür klopft. Die Hektik des Festes setzt sich auch hier fort, an dem schmalen, wannenförmigen Emailletrog mit Loch am Boden, über das man sich auf zwei seitlichen Fußsteinen hockt, griffbereit neben sich die obligatorische Plastikkanne, den *lota*, zur Waschung mit der linken Hand. Es ist mühsam und schweißtreibend – seit drei Tagen ohne regelmäßige Verrichtungen, hat mein Körper angesichts der wenig einladenden hygienischen Infrastruktur eine insgesamt abwartende Haltung eingenommen. Andere Probleme kommen hinzu. Die wacklige Kanne hat am Rand einen beträchtlich langen Riss und kann daher kaum ihr Wasser halten, sie neigt zum Umkippen. Ganz so wie viele pakistanische Politiker, denke ich, die in der Tagespresse als *lota* geschmäht werden. Aufgrund seiner Assoziation mit Unreinheit, Fäkalien und Instabilität dient dieser Begriff als drastische Metapher für opportunistische Politiker, die sich wie ein wackeliger Plastik-*lota* von jedem in die Hand nehmen lassen und deren Ausguss einmal hierhin, einmal dorthin zeigt. Mit dem Lachen darüber löst sich auch mein Darmstau und ich kann die feuchte Betonzelle erleichert verlassen.

Nun sehne ich mich nach einem Bad und der ersten Körperpflege seit meiner Abreise von Lahore. Nur wenige Schritte vom Gästehaus des *piir* entfernt, liegt an einer Gassenecke einer der zahlreichen Friseurläden mit Badekabinen. Für fünfzehn Rupien (etwa zwanzig Cent) kann man sich in einer der kleinen, innen beleuchteten Kabinen waschen und erhält Seife und Handtuch, gegen Aufpreis sogar Haarshampoo. Bereits in der Gasse warten die Männer in einer Schlange vor der Tür, und auch im Laden sind die Bänke neben den beiden Drehsesseln für Friseurkunden voll besetzt, einige stehen zudem mitten im Raum und mehrere auch unmittelbar im Kabinengang vor den Holztüren der Badestuben. Badediener organisieren jedoch einen relativ geordneten Zugang. Mir fällt auf, dass in diesem eigentlich nur Männern vorbehaltenen öffentlichen Raum auch zwei Frauen mittleren Alters auf eine freie Kabine warten. Sie überschreiten die sonst üblichen Geschlechtergrenzen, aber hier ist kein moralistischer Mulla oder Frömmler, der sie daran hindern würde. Die Männer akzeptieren es.

Ausgerüstet mit einem halbfeuchten Handtuch, Waschzeug und einer sauberen Hemd- und Hosengarnitur erhalte ich nach geraumer Zeit schließlich Zutritt zu einer der Kabinen, hänge meine Schultertasche an einen Wandhaken und genieße das warme Wasser, das ein Diener mit Hilfe eines Schlauchs in einen großen Plastikeimer gefüllt hat. Einige kostbare Minuten des Wohlseins und Alleinseins, die ich emsig verbringe. Diejenigen, die sich zu lange in einer Kabine aufhalten, werden durch energisches Klopfen der Badediener an die Tür zur Eile gemahnt. An die stundenlange träumerische Muße in einem türkischen Hammam ist nicht zu denken. Dennoch verlasse ich wie neugeboren das Badehaus, verstaue die Waschutensilien und verschmutzten Kleidungsstücke in meinem Gepäck in der Herberge und frühstücke zufrieden im *Dschaan Belutsch*.

Die drei wichtigsten Tage des Heiligenfestes mit den Riten am Grab des Qalandar sind vorüber. Die ersten Pilger reisen bereits ab. Morgen oder übermorgen werde ich wohl ebenso mit Mudschtaba die Rückreise nach Lahore antreten, falls er – wie ich hoffe – im Gästehaus des *piir* nach mir fragt. Daher möchte ich heute noch die heiligen Orte besuchen, die mir bei der Ankunft in Sehwan in der Nähe der Bahnstation aufgefallen waren. Außerdem das Baumheiligtum im Lal Bagh – im ‹Rubingarten› – außerhalb der Stadt, bei dem der Qalandar meditiert haben soll.

Gestärkt durch ein *paratha*-Fladenbrot, das in Schmelzbutter gebacken vom Morgen bis zum Nachmittag den Hunger stillt, mache ich mich zu Fuß auf den Weg, zunächst durch den Basar, in dem Pilger sich vor den Verkaufsständen mit Musikkassetten und Videos drängeln. Fasziniert bleibe ich ebenfalls stehen, die Produktionsfirma *Super Star Movies* präsentiert auf mehreren Fernsehbildschirmen ihre «Urs Mubarak Videos»: Mit Qalandar Devotional-Pop hinterlegt zeigen diese «Filme über das gesegnete Fest» in schnellen Schnitten Szenen der Henna-Rituale, Grabtuch-Prozessionen und Ekstasetänze, dabei immer wieder auf den Heiligenschrein und die hohe Standarte zoomend – mit Tauben, die am Himmel flattern. In einem Film, der gerade am Stand von *Maschallah Videos* läuft, sieht man tanzende Hidschras, einen Tänzer, der brennende Zigaretten verschluckt, und ganz kurz gar den alten Malang mit seinem Stock in Form einer Kobra, der vorgestern zu Arif Sains Zelt gekommen war.

Entlang der staubigen, von Pilgern, lärmigen Qinqi-Rikschas und Bussen belebten Straße wandere ich weiter in Richtung Süden. Am Ortsausgang fällt mir zur Linken das Lager einer nomadischen Gruppe auf, die in tonnengewölbten Zelten leben. Von einem älteren Mann, der vor einem der Zelte sitzt, erfahre ich, dass sie sich ‹Gurwani› nennen und während der *mela* Glasarmreifen verkaufen, die in Fabriken in Hyderabad produziert werden. Ich sehe, wie Mädchen aus dieser Gruppe bei den nahe gelegenen Heiligtümern betteln und den Pilgern Tee und Wasser anbieten.

Nach einer kurzen Rast bei den Gurwani mache ich mich wieder auf den Weg zu den fünf heiligen Stätten, die auf mehreren Hügeln vor der Stadt liegen und – weißgetüncht und rot beflaggt – bereits von Weitem zu sehen sind. Beim Näherkommen erkenne ich, dass fromme *Saayeriin* von einem Hügel zum anderen ziehen, offenbar unternehmen sie eine in sich geschlossene kleine Wallfahrt in Ergänzung zum Besuch des großen Mausoleums. An jeder Station werden die Pilger von einem Schreinhüter zu einer Geldspende aufgefordert: «*Bhai-Sahib*, Herr Bruder, gib Geld!»

Zunächst geht es steil hinauf zu einem umfriedeten Platz, an dem Lal Schahbas Qalandar gebetet haben soll. Seine Gebetsstelle wird von den Pilgern ebenso wie die anderen Stationen fünfmal umrundet. Danach gelangt man zu einem kleinen Schrein mit dem schlichten Grab des Heiligen Sachi Dschamal Schah. An einem weiteren Gebetsplatz des Qalandar fallen mir Miniatur-Kinderwiegen und kleine Joche für Pflugochsen auf, die Pilger als Votivgaben hier niedergelegt haben. Auf dem angrenzenden höchsten der Hügel befindet sich eine gemauerte Plattform, die wegen ihrer vier Eckminarette *tscho tombi* – ‹vier Türme› – genannt wird. Andere bezeichnen sie als ‹gesegneten Thron› oder auch als ‹Treffpunkt der fünf Reinen›, gemeint ist die Familie des Propheten. Von hier aus soll Lal Schahbas Qalandar in Gestalt eines Falken in den Pandschab geflogen sein.

Unter diesem festungsähnlichen Ort liegt eine kleine Höhle, von der aus der Qalandar seine wundersame Pilgerfahrt durch die Erde hindurch nach Mekka unternommen haben soll. Von magischen Reisen dieser Art wird in islamischen Heiligenlegenden häufiger berichtet: So heißt es zum Beispiel, dass der große Heilige Nisamuddin Auliya jeden Tag frühmorgens von einem fliegenden Kamel zur Kaaba getragen worden sei, um ihn dann pünktlich zum Frühstück wieder nach Delhi zurückzubringen.

Wenige Schritte hinunter in Richtung der Stadt erhebt sich ein weiß getünchter Felsen, auf dem Fromme an einer Stelle den Fußabdruck von Maula Alis Reitpferd zu erkennen glauben. Daneben finden sich drei Steinhaufen, an denen die Pilger – wie bei den drei Steinsäulen in Mekka während der Hadsch – mit sieben Steinchen symbolisch den Satan steinigen. Zudem schlagen sie mit Stöcken und Schuhen auf die Steine und erinnern daran, wie Satan dreimal Abraham, seiner Frau Hagar und deren Sohn Ismail erschien.

Die abschließende Station des Pilgerweges sind eine kleine Grabstätte und zwei Standarten, die dem schiitischen Märtyrerheiligen Abbas geweiht sind und von den Gläubigen umrundet werden.

Zurück an der Straße halte ich eines der Qinqi-Taxis an und fahre weiter zum Rubingarten Lal Bagh, einem weiten, baumbestandenen Areal, auf dem die meisten Pilger kampieren – eine Zeltstadt für Zehntausende. Rasch frage ich mich durch zu den Heiligtümern, die mit der Lebensgeschichte des Qalandar verbunden sind. Sie liegen nicht weit vom Eingang des Rubingartens. Das erste ist ein uralter umgestürzter Baumstamm, aus dessen

Geäst sich der Heilige der Legende nach ein Zweiglein zum Zähneputzen zurechtschnitzte. Männer, Frauen und Kinder schlüpfen Segen empfangend unter dem mit Tüchern und Fahnen geschmückten Stamm hindurch. Daneben wird der Ofen verehrt, auf dem der Heilige sein Fladenbrot gebacken haben soll. An dieser Stelle, die im Volksmund als ‹Heilige Asche› bekannt ist, habe er einst im Monat Ramadan zum Fastenbrechen ein Brot mit einem unglaublichen Gewicht von hundertfünfundzwanzig Kilogramm gebacken, das zur Speisung von hundertfünfundzwanzigtausend Frommen ausgereicht habe. In ähnlicher Weise markiert ein alter, verkrüppelt gewachsener Baum die Stelle, an dem der Qalandar vierzigtägige Perioden der Zurückgezogenheit in Gebet, Gottgedenken und Kontemplation verbracht haben soll. Dabei habe er in einem hohlen Baumstamm gesessen. Westlich des Hains gibt es eine heilige Quelle, die hervorgesprudelt sein soll, als der Qalandar mit seinem Wanderstock gegen die Steine geschlagen habe. Dem wohlschmeckenden Wasser werden Heilkräfte zugesprochen, besonders bei Hautkrankheiten.

In einem der großen Zelte im Lal Bagh ist gerade ein *dhamaal* im Gange, allerdings nicht unbedingt als Tanz der Devotion, sondern eher als inszeniertes Spektakel: Leiter der Performance ist ein Malang und Sayyid, also ein Nachkomme des Propheten, aus Lahore, der drei Musiker engagiert hat, die trommeln und rasseln, um den Trancetanz zweier ganz in Rot gekleideter Frauen zu begleiten. Es sind Malangnis mittleren Alters: Die eine wirft ihren Haarschopf zunächst abwechselnd nach vorne und hinten bis auf den Rücken, dann wirbelt sie mit ihren langen Haaren, stehend nach vorne übergebeugt, die andere sitzt und beginnt ihre Trance mit leichten wiegenden Bewegungen des Körpers, die raumgreifender werden, dann stützt sie sich nach vorne mit beiden Händen auf dem Boden ab und lässt ihren Kopf zunächst langsam und dann immer schneller kreisen. Ein roher und elementarer Tanz in geübter Körpertechnik!

Eine ältere Frau mit einem Kleinkind auf dem Arm drängt die Zuschauer mit einem Stock zurück. Die Schaulustigen geben, wie ich beobachte, meist fünf oder zehn Rupien. Zum Ende des Tanzes drückt der schwarzgekleidete Sayyid mit seiner rechten Hand Kopf und Nacken der Frauen herunter, um sie aus der Trance herauszuleiten. Während die eine von ihnen sich sofort wieder um das Herdfeuer kümmert, wirkt die andere wesentlich erschöpfter – ihr wird Luft zugefächelt und sie wird von der Alten massiert. Die Gruppe um den Sayyid lebt offenbar von den Einkünften aus dem Trancetanz, vielleicht auch noch vom Betteln.

Frauen, die mit Derwischen herumziehen und professionell in Ekstase tanzen, haben in ihrem früheren Leben meist schlimme Erfahrungen gemacht, wurden von ihrem Mann geschlagen oder von ihrer Schwiegermutter aus dem Haus getrieben. In Lahore hörte ich die Geschichte einer Frau mittleren Alters aus einer armen Familie, die als Putzfrau in Häusern der oberen Mittelschicht arbeitete. Von ihrem Ehemann wurde sie oft verprügelt, weil er sie sexueller Beziehungen zu ihren Arbeitgebern verdächtigte. Ihr heroinabhängiger Sohn saß im Gefängnis. Damals begann sie, am Schrein von Data Gandsch Bachsch bei reichen Frauen der Oberschicht zu betteln. Schließlich verließ sie ihren gewalttätigen Mann, gab ihren Job als Putzfrau auf und tanzt seitdem für Geld *dhamaal* an Heiligenschreinen. Sicherlich findet sie auch Trost im Trancetanz.

Etwas abseits von dieser Gruppe hocken zwei jüngere Malangs. Der eine mit kahl geschorenem Kopf und nacktem, teils mit Asche bedecktem Oberkörper trägt über einem schwarzen Umhang einen schweren, glockenbehangenen Gürtel. In der Hand hält er eine Holzkeule. Er bietet mir eine Haschischzigarette an und schaut mich durchdringend wie mit Röntgen-Augen an. Der andere hat lange, verfilzte Haare und trinkt Wasser aus einer Bettelschale, die aus der Hälfte einer Seychellennuss geschnitzt ist. Als er die Schale auf dem Boden abstellt, sehe ich, dass ein Eisbrocken darin schwimmt. Verblüfft beobachte ich dann, wie er aus seiner Schultertasche ein Mobiltelefon hervorholt und es sorgsam in eine Falte seines Hüftuches einknotet. Als er meinen Blick bemerkt, grinst er und murmelt: «*magic box hai* – das ist eine magische Box.»

Fürwahr, mobiles Telefonieren ist in Pakistan längst kein Privileg der städtischen Bevölkerung mehr. Auch auf dem Lande verwenden Bauern immer häufiger ein *mobile*, um sich etwa in größeren Orten nach den aktuellen Marktpreisen für Feldfrüchte zu erkundigen, vor allem jedoch, um Kontakt zu Familienmitgliedern und Freunden zu halten, die in Karatschi oder in den Golfstaaten arbeiten. Doch neben Derwischen und Bauern unterhalten auch dunkle Gestalten, Räuber und Kidnapper, die vor allem im ländlichen Sindh ihr Unwesen treiben, mit Hilfe von Mobiltelefonen ihr Netzwerk von Auftraggebern, Mittelsmännern und Helfern.

Der Himmel ist von Staub und Dunst grau verhangen. In flirrender Mittagshitze mache ich mich allmählich auf den Rückweg, mit Trinkpausen hier und da an Straßenständen. Erst im langsamen Gehen komme ich wieder ein wenig zu mir selbst, kann innehalten im Taumel der Ereignisse, die ständig um mich herum vorgehen. So gelingt es mir, die Überstimulierung der Sinne abzustreifen und die Antennen der Sinnesaufnahme neu zu justieren. Dieses Mal ist nicht die Methode des Flanierens, mit der ich sonst gerne mäandernd Wege durch Städte suche, um ungeplante Beobachtungen und unverhoffte Begegnungen machen zu können, sondern nur das einfache Zurücklegen des Weges das Mittel, Distanz zu den Geschehnissen der *mela* zu gewinnen.

Schließlich mache ich doch noch einen Abstecher in das weite Areal des Zirkus, der am Rande der Stadt aufgebaut ist. Die Veranstaltungen beginnen erst in etwa einer Stunde am späten Nachmittag, daher habe ich genügend Muße, die bunten, handgemalten Reklametafeln des *New Irani Circus*, die für eine *varaiti scho* werben, anzuschauen und zu fotografieren: Frauen in verführerischen Posen, manche mit keck aufgesetzten bestickten Kappen und knappem Bustier, eine in hautengen Jeans, die andere in einem raffiniert geschnittenen, fast nabelfreien Abendkleid und mit kostbarem Schmuck, die Augen dunkel umrandet, die Lippen knallrot geschminkt. Manches erscheint märchenhaft wie aus Tausendundeiner Nacht, manches wie aus einem westlichen Modemagazin kopiert. Über dem Eingang des Zirkus thront ein junger Löwenreiter, peitschenschwingend und mit zum Schlag erhobener Keule. Daneben lange Bildrollen mit Darstellungen der «Schlangenkönigin» als Sphinx, die, wie eine Inschrift verrät, aus Karatschi kommt, außerdem eine eindrucksvolle, nixengestaltige «Wasserfee» mit langen, wehenden blonden Haaren.

Gleich neben den Werbetafeln des *New Irani Circus* sind zwei *maut khuan* – ‹Todesbrunnen› – aufgebaut: große, trommelartige, an ein Getreidesilo erinnernde Konstruktionen mit einem kreisförmigen, luftigen Dach über der Zuschauergalerie, in deren Innerem Steilwandfahrer mit Motorrädern und Autos rasend ihr waghalsiges Können zeigen. Während ich mich umschaue, schwärmen immer mehr Männer in das Amüsierviertel und schauen gebannt auf Hidschras und Tanzmädchen, die auf kleinen Bühnen am Eingang zu lärmiger Filmmusik tanzen. Auch Gori ist darunter, die junge Hidschra, die ich am ersten Tag im Teehaus am Platz der alten Standarte getroffen hatte. Ich kaufe für zehn Rupien ein Eintrittsbillet für den «Noorani Well of Death» und steige die steile Treppe hoch auf den wackligen Rundumgang, von dem man hinunter in den «Brunnen» schaut. Auch dort tanzen jetzt eine Hidschra und ein junges Mädchen, die immer wieder hinaufsehen, um mit einzelnen jungen Männern Blickkontakt aufzunehmen. Neben ihnen ist ein Motorrad abgestellt, aber noch deutet nichts auf den Beginn des eigentlichen Programms hin. Manche Besucher beginnen sich zu langweilen, trotz der lockenden Augen und verführerischen Gesten. Einer der jungen Burschen neben mir versucht allerdings, durch Mimik und Handzeichen der hochgewachsenen Hidschra eine Botschaft zu übermitteln. Vielleicht für ein Rendezvous im Anschluss an die Vorführung? Sie trägt Jeans und ein blaues Top, die hochgesteckten Haare mit einem gelben Band zusammengebunden. Unten auf der Bühne bemühen sich die Hidschras weiterhin, Kunden anzulocken – mit nur mäßigem Erfolg. Auf der anderen Seite blicke ich hinunter auf mehrere halboffene Zelte. Auf *tscharpoy*-Bettgestellen sitzen Frauen und unterhalten sich, beaufsichtigen Kinder, gelegentlich mischen sich auch Männer darunter, die vom Backstagebereich der Arena hinüberwechseln; ein kleinwüchsiger Mann springt auf eines der *tscharpoys* und streckt sich aus – es sind offensichtlich Zirkusleute. Am Eingang des Todesbrunnens fällt mir ein Junge auf, er mag vielleicht zehn oder zwölf Jahre alt sein, der mit traurig-verträumtem Gesichtsausdruck an einem der Tickethäuschen lehnt. Verschämt schaut er hoch zu mir, schließlich streckt er eine Hand aus, kreist mit den Fingern, die Bewegung der Steilwandfahrer beschreibend. Hat er noch nie die Fahrer im Innern der riesigen hölzernen Trommel gesehen, nur von außen den ohrenbetäubenden Lärm gehört? Ich möchte ihm eine Freude machen und ihn einladen. Also steige ich hinunter zur Barriere, gebe ihm einen Zehnrupienschein für ein Ticket. Ungläubig schaut er mich an und verschwindet hinter dem Häuschen. Vergebens warte ich auf sein Kommen. Zunächst ein wenig verärgert, die Strategie seines Bettelns nicht durchschaut zu haben, werde ich traurig. Zehn Rupien müssen so viel für ihn sein, zu kostbar, um sie einem flüchtigen Vergnügen zu opfern. Normalerweise muss er sich wohl mit einzelnen Rupien begnügen. Wird er triumphieren, einem *gora* – Weißen – erfolgreich Geld aus der Tasche gelockt zu haben? Bald darauf verlasse ich den Todesbrunnen und das Zirkusareal, da es immer noch keine Anzeichen für den Beginn der Vorführung gibt. Von dem Jungen ist nichts mehr zu sehen.

Vor der Rückfahrt am nächsten Tag nach Lahore möchte ich noch Chadim Husain Soomro aufsuchen. Seit einiger Zeit stehen wir in E-Mail-Kontakt. Er schreibt über die Sufi-Tradition des

Sindh, früher arbeitete er als Privatsekretär des bekannten nationalistischen Politikers G. M. Sayed, der 1995 im hohen Alter von einundneunzig Jahren verstarb. Ich besuche den Junggesellen im Haus seiner Familie in der Sabswari Mohalla. In einem eiskalt klimatisierten Raum im oberen Stockwerk, den er wohlhabenden Pilgern aus Lahore vermietet hat, empfängt mich der höfliche Herr, dessen muntere, aufgeweckte Augen hinter einer schmalen Hornbrille hervorblinken. Wir sprechen über Sufi-Heilige, die Helden und spirituellen Führer der Sindhis, und über den freiheitsliebenden G. M. Sayed mit seinen Idealen von Liebe, Gleichheit und Humanität, den Herr Soomro in den Fußspuren dieser Mystiker sieht. Nach dem Tee erkundigt er sich nach meinen Erfahrungen in Sehwan und meint dann: «Möchten Sie die nächste Nacht wieder auf dem Dach bei Sayyid Imdad schlafen? Ist das Ihr Ernst? Ich werde etwas für Sie arrangieren, später schicke ich jemanden, um ihr Gepäck zu holen.»

Nun, ich habe keine Einwände und bin neugierig, das Heiligenfest noch aus einer weiteren Perspektive zu erleben.

Wir unterhalten uns sehr angeregt. Draußen werden die Schatten länger, am späten Nachmittag schlägt Soomro-Sahib vor, mich dem höchsten *piir* in Sehwan vorzustellen, der «auf dem Gebetsteppich des Qalandar sitzt» und als Nachfolger dessen Heil- und Segenskraft geerbt habe. Es sind nur wenige Schritte hinüber in den quirligen Basar. Von dort erreichen wir über eine Rampe und einen kleinen Vorhof ein großes eisernes Tor, vor dem mehrere Sindhis unterschiedlichen Alters herumstehen. Der Älteste von ihnen tritt vor, ein dürres Männlein mit spärlichem Spitzbart; er grüßt, verneigt sich, legt seine rechte Hand an die Brust und fragt Soomro-Sahib, wen er als Gast noch melden dürfe. Herr Soomro informiert ihn und bittet mich, meine Visitenkarte zu überreichen.

«Oh, *ba tschaschm* – bei meinem Auge! *sauq se, schauq se* – mit Vergnügen!», wispert der Diener in Persisch und Urdu und winkt uns, ihm zu folgen.

«Sie kommen mit der Gnade Gottes – Er ist voller Segen, und Er ist erhaben», fügt er im Gehen hinzu. Hinter dem Tor öffnet sich ein weiträumiger Hof mit einem teils noch im Bau befindlichen zweistöckigen Gästehaus, das sich an das alte Anwesen des *piir* anschließt.

«Bitte warten Sie hier!», bedeutet uns der Diener, rückt uns Plastikstühle zurecht und verschwindet flink in die Privatgemächer des Heiligen. Ein jüngerer Mann bringt uns Erfrischungen, und wir plaudern entspannt mit anderen Gästen, die offensichtlich hier einquartiert sind. Einige gehören zu einem Filmteam aus Lahore, das im Auftrag des pakistanischen Fernsehens Bildmaterial über das Fest zusammenstellt. Die Zeit vergeht, bis sich irgendwann die Tür zu dem benachbarten Gebäudekomplex öffnet. Ein hochgewachsener, würdevoller Mann, etwa um die vierzig, in weißer Kleidung mit einer Sindhi-Kappe auf dem Kopf, kommt schnellen Schrittes auf uns zu. Eiligst erheben sich die Anwesenden, verneigen sich und senken aus Respekt ihre Blicke auf den Boden. In makellosem Englisch spricht er uns an:

«Bitte verzeihen Sie, dass ich Sie so lange warten ließ. Es sind so viele Gäste gekommen. Ich hoffe, es fehlt Ihnen an nichts. Es ist mir eine Ehre, Sie hier begrüßen zu dürfen!»

Zunächst tauschen wir Höflichkeiten aus, doch bald zeigt sich, dass der *piir*, Dr. Sayyid Mehdi Resa Schah Sabswari, ein promovierter Augenarzt mit weltmännischem Auftreten, auch das anregende, informelle Gespräch liebt. Gebildet, vielseitig interessiert, politisch aktiv, privat ein leidenschaftlicher Jäger, gilt er für seine Anhänger vor allem als religiöser Führer, dessen Autorität und Würde auf das Charisma des Qalandar-Heiligen zurückgehen, das er geerbt hat. Was ist nun das Besondere von Lal Schahbas? Die Wundertaten des Fliegens in der Gestalt eines Falken und seine Pilgerfahrt nach Mekka unter der Erde, für die sich die einfachen Gläubigen so begeistern, oder die Eigenart seines rotierenden Trancetanzes, um Gott in der Ekstase zu begegnen?

«Welche Überlieferung gibt es denn über die spirituelle Autorität des Qalandar», frage ich den *piir*.

«Schauen Sie, Qalandar Lal Schahbas war ein tieffrommer Asket, der sein Leben im Gebet und in der Betrachtung der Schönheit Allahs verbrachte. Sie waren doch im Lal Bagh und haben den Ort gesehen, an den sich der Heilige vierzig Tage zum Gottgedenken zurückzog, um sein fleischliches Ich, seine Triebseele, zu zähmen. Er war im Zustand von *rahmaan, rahiim* und *kariim* – Barmherzigkeit, Erbarmen und Großmut –, sein Herz war unbefleckt von Lügen oder anderen Sünden. Ursprünglich kam seine Familie aus unserer Heimat Sabswar im iranischen Chorassan, erst später zog sie nach Marwand in Aserbaidschan. Wir sind die spirituellen Erben des Qalandar.»

«Was war denn sein größtes Wunder?»

Einen Augenblick überlegt Mehdi Resa Schah: «Als der Qalandar nach Sehwan kam, war dieser Ort ein Sündenpfuhl, überall Tanzmädchen und Prostituierte, die wegen der zahlreichen Karawansereien ein gutes Auskommen fanden. Mit der Gegenwart des Heiligen hörte dieser unmoralische Lebenswandel auf, die käuflichen Frauen wurden ehrbar, und man verheiratete sie.»

Soomro-Sahib und die übrigen Gäste murmeln zustimmende Bemerkungen.

«Da ist noch eine besondere Begebenheit, die man sich erzählt», setzt der *piir* fort. «Eine sehr schöne und berühmte Kurtisane, eine Hindu-Frau, verliebte sich einst in den Qalandar. Immer, wenn er durch die Gasse ging, schaute sie von ihrem Balkon aus hinunter zu ihm. Endlich warf sie eine Blüte vor seine Füße, und der Heilige schaute hinauf. Ihre Augen begegneten einander, und sie eilte auf die Straße, wo sie auf der Stelle starb. Hat der Prophet, gesegnet sei sein Name und Friede sei mit ihm, nicht gesagt: ‹Frauen sind die Schlingen des Teufels›? Sehen Sie, der Qalandar machte sich nichts aus Frauen, er heiratete nie, er war der Überzeugung, dass Frauen den Gottsucher von Allah ablenken.»

Weltentsager wie der Qalandar waren seit jeher ablehnend gegenüber Frauen, doch gibt es in der Geschichte des Sufismus viele verheiratete Mystiker – es sind die meisten. Heiligenlegenden sind wie magische Vorhänge – wenn sie zur Seite gezogen werden, erscheinen umso deutlicher religiöse Symbole und Vorstellungen von Reinheit, Moral und Sittlichkeit. Ich muss an die Geschichte eines frommen islamischen Reformers aus dem frühen neunzehnten Jahrhundert in der nordindischen Stadt Lucknow denken, von dem es heißt, er habe selbst das Etablissement einer berühmten Kurtisane aufgesucht. Dort predigte und inspirierte er die Frauen samt ihrer Kunden in so eindringlicher Weise, dass sie ihre Sünden bereuten und auf den rechten Weg des Islam zurückfanden. Die Bekehrung von Kurtisanen an den «Grenzen des wahren Glaubens», wie die Sufis sagen, ist ein häufiger vorkommendes Motiv von Heiligenlegenden. Oder sind es doch wahre Begebenheiten? Von Amber Schah Warsi, einem Sufi-Heiligen, der vor dreißig Jahren in Karatschi lebte, ist bezeugt, dass er drei oder vier Jahre im Prostituiertenviertel an der Napier Road lebte. Aufgrund seines Einflusses legalisierten die Männer, die sich zuvor das Recht der Defloration erkauft hatten, ihre Bindungen zu den Mädchen mit einem Ehevertrag. Dies änderte jedoch nichts an den ausbeuterischen Lebensbedingungen der Frauen.

«Wasim, entschuldigen Sie, die Filmleute wünschen meine Anwesenheit. Kommen Sie doch heute zum Essen, danach wird es eine kleine *mehfil-e samaa* geben, ein spirituelles Konzert.» Im Gehen fügt er noch hinzu: «*Samaa* öffnet die Türen zum Paradies!»

Herr Soomro hat inzwischen meine Tasche abholen lassen. Gemeinsam gehen wir zum Haus seiner Cousins in den Schahi Basar, den zentralen, alten Markt von Sehwan, der zum Schutz vor der starken Sonneneinstrahlung überdacht ist. Hier versorgen sich die Wallfahrer mit Nahrungsmitteln und vor allem mit den indigofarbenen und dunkelroten, mit ornamentalen Mustern bedruckten Tüchern, die sie als Souvenirs mitnehmen. Bauern und Nomaden nutzen das Fest, um Handel zu treiben und notwendige Hausratsgegenstände zu erwerben.

Das Gästehaus betreten wir über einen Seiteneingang, der mitten durch die heiße, dampfende Küche eines Süßwarenherstellers führt – hier werden in einem großen Becken klebrige *laddu*-Kugeln gebacken. Die eigentliche Haustür, die auf eine rückwärtige Gasse führt, bleibt verriegelt. Im Innenhof sitzt ein kraushaariger Schidi, der Gemüse schneidet und Kochtöpfe reinigt. Schidis, die Nachfahren ostafrikanischer Sklaven und Einwanderer, gehören in der Provinz Sindh bis heute zur Masse der Armen, Unterprivilegierten und Dienenden. Die beiden geräumigen Gästezimmer, die vom Hof ausgehen, werden zwar von Ventilatoren belüftet, bleiben aber trotzdem stickig heiß. Daher ziehe ich vor, auf dem Dach zu schlafen. Einige Stunden Schlaf vor dem Konzert werden mir sicher guttun. Eine gestern frisch gewaschene Hemd- und Hosengarnitur schiebe ich zwecks «bügeln» unter die Matraze. Die Luft bewegt sich nur leicht, verschafft ein wenig Kühlung. Die Klänge und Geräusche, die vom Schrein des Qalandar und näher noch vom Pathan Kafi herüberwehen, sind durch die Entfernung gedämpft und eher als vielstimmiges Summen wahrnehmbar. Im Basar werden die Metallrollos der Läden rasselnd heruntergelassen, bald tritt Ruhe ein. Die flackernden Lichterketten und rotierenden Leuchtträder an den Schreinen dominieren das Licht der an Masten befestigten Straßenlaternen und Strahler. Über die kubischen Formen des nächtlichen Sehwan spannt sich ein grandioses Firmament, dessen Sterne wie Staub zerstreut erscheinen. Die Intensität der Eindrücke in den letzten Tagen lässt meinen Geist nur langsam zur Ruhe kommen und führt mich in Wachträume. Darin demonstriert mir ein Sufi seine Reinheit: Er sperrt seinen Mund so weit auf, dass ich durch seinen Schlund hinunter in seinen Magen sehen kann – eine mit Kacheln gefliste Grotte, in der nur ein wenig Grünzeug verstreut auf dem Boden liegt. Der Heilige ist Vegetarier.

Irgendwann finde ich aus diesem seltsamen Dämmerzustand heraus und gehe hinüber zum Anwesen des *piir*. Im Hof haben sich die Gäste gerade zu einem Nachtmahl niedergesetzt, man bittet mich hinzu. Danach warten wir einige Zeit auf den *piir* und den Beginn des Konzerts. Nach Mitternacht kommt Mehdi Rasa Schah und wird von den Anwesenden ehrerbietig begrüßt; inzwischen hat sich der Hof mit etwa fünfzig bis sechzig Männern jeden Alters gefüllt. Von der Balustrade im ersten Stock sehen einige Frauen zu, doch sie bleiben im Dunkeln nur schemenhaft erkennbar. Bald treffen die ersten Musiker ein. Mehdi Rasa Schah hatte nur von einem bescheidenen *samaa*-Konzert gesprochen, bei der ein Lautenspieler aus der Grenzprovinz auftreten solle. So bin ich mehr als überrascht, die bekannte Qawwal-Gruppe von Riswan Ali Chan und Muasam Ali Chan sehen und hören zu dürfen. Sie gehören zur Familie des 1997 verstorbenen Nusrat Fateh Ali Chans, des herausragendsten Interpreten ekstatischer Qawwali-Sufi-Musik.

Die elf aus Faisalabad im Pandschab kommenden Musiker nehmen einige Meter gegenüber dem Heiligen auf dem Boden Platz, am entgegengesetzten Ende des langen Teppichs, der vor Mehdi Rasa Schah ausgebreitet worden ist. Um den Teppich herum sitzen dichtgedrängt die Hörer. Ich mache Tonaufnahmen des Konzerts, die später mehr als jedes Bild die Erinnerung an dieses Ereignis bei mir wach halten werden. Die Qawwals beginnen mit einer sich kontinuierlich steigernden Hymne an den Heiligen, auf dem die Sufi-Tradition aufbaut: *Ali, Ali, Maula Ali, Ali, haq …* Rhythmisches, peitschendes Händeklatschen schafft eine zweite hypnotische Klangkulisse neben den Schlägen auf der Tabla-Trommel, die den beiden Hauptsängern folgt. Dann wieder akzentuiert das Harmonium die ekstatisch vorgetragene Vokalartistik der Sänger. Beim Einsetzen des hämmernden Refrains drücken die Hörer ihre ekstatische Verzückung durch Zwischenrufe aus: «*wah wah!* – fantastisch!»; «*kya karna?* – was soll man tun?»; «*la-dschawaab!* – unvergleichlich!» Anschließend erklingt in rasenden Gesangskaskaden: *dam maste Qalandar, maste, mas-*

te … Ali, Ali … Sachi Laale Qalandar, maste, maste, dschhule Laale Qalandar, maste, maste. Die Köpfe der Zuhörer wirbeln, meinem Nebenmann rinnen Tränen der Verzückung über das Gesicht. Andere unterhalten sich, und ein junger Kerl spielt mit seinem *mobile.* Dazwischen peitschendes Händeklatschen, *Maula Ali, Ali, Aliii!* Nach vier längeren Songs nehmen die Musiker den Dank und ein Geldgeschenk des *piir* entgegen und verabschieden sich zu einem weiteren Konzert, zu dem sie eingeladen sind.

Als nächstes tritt Hassan Sadiq auf, ein weithin berühmter Sänger schiitischer Trauerlieder, die den Tod der Märtyrer von Kerbela beklagen. An Instrumenten wird er von Rohrflöte, Harmonium und einer zweifelligen kleineren Horizontaltrommel begleitet. Nun setzt erst die Trommel kräftig ein, dann der Gesang: *Malange Maula Ali* – zunächst mit Solostimme, danach als Refrain, wiederholt im Chor. Eine weitere Gruppe um den Sänger Sain Chawar tritt auf, die ebenfalls devotionale schiitische Gesänge vorträgt. Die Hymne: «*ya Ali dschiiwan tere naal* – O Ali, lass mich lange bei dir sein!», versetzt die Zuhörer über eine Stunde lang in einen Zustand der Ergriffenheit und Verzückung. Das Pandschabi-Wort *naal* wird zu *laal* variiert, dem Ehrennamen des Qalandar-Heiligen. Unterbrochen wird der Vortrag nur von einer poetischen Ansprache und Sprechgesängen, die den Propheten Muhammad rühmen, den «König von Medina», und Ali, Hassan und Hussain hymnisch preisen. *Ya Ali, ya Ali* rufen einige der Anwesenden, ein älterer Mann schluchzt in sich hinein, auch meine Augen haben sich mit Tränen gefüllt. Ein überwältigendes Glücksgefühl! *Ya Ali dschiiwan tere Laal!* Ist nicht die Liebe der glühende Kern des Islam? In Sehwan ist es vor allem die Liebe zu Ali und zu dem Qalandar. Mehdi Resa Schah beugt sich zu mir herüber und fragt: «Kennen Sie die Maxime des edlen Ali? Arbeite so hart und fleißig, als ob du ewig leben würdest, aber bereite dich auf den Tod vor, so als ob du morgen sterben würdest!»

Die Reihen der Zuhörer haben sich im Laufe der Stunden etwas gelichtet. Der Morgen beginnt zu grauen. Gerade hat sich der paschtunische Lautenspieler aus Peschawar in einer kleinen, um den *piir* versammelten Runde zum Spielen niedergesetzt, doch muss er seinen Vortrag für das Morgengebet unterbrechen. Danach spielt er, von einem Tee erfrischt, traditionelle Weisen auf seiner Kurzhalslaute, die typisch ist für die Volksmusik der pakistanischen Grenzprovinz und Afghanistans. Sie heißt nicht umsonst *rubab* – ‹Tor zur Seele›. Kein professioneller Musiker ist der Lautenist, sondern jemand, der in seiner Freizeit sein Instrument spielt, am liebsten beim Grab des Dichters und Sufi-Heiligen Rahman Baba in Peschawar. Er besitzt einen Laden im Basar, pilgert aber, wie er mir erzählt, jedes Jahr zu den Heiligenfesten von Lal Schahbas Qalandar, Schah Nurani, Barri Imam und Kaka Sahib. Als wir uns von unserem Gastgeber verabschieden und ihm danken, zitiert Soomro-Sahib treffend den Propheten: «Die Nacht ist lang, verkürze sie nicht mit Schlaf!»

Fünfter Tag und Rückreise

Nach dem Frühstück hole ich mein Gepäck aus der Obhut von Soomros Verwandten und mache mich auf den Weg zu Mudschtaba, der, wie mir inzwischen überbracht wurde, bei Freunden in einem gemieteten Domizil am Rande der Sabswari Mohalla wohnt.

«Wasim-Saab!», poltert er erfreut, mit stieren Augen, sein Gesicht zu einer Grimasse verzogen, als ich den kleinen Innenhof des Hauses betrete.

«O Ali hilf!» Er hebt den Zeigefinger an seinen Mund. «Easy! Jamsched ist gekommen, haben Sie ihn schon getroffen?»

Wen meint er? Ich kenne niemanden namens Jamsched. Mudschtaba schüttet sich vor Lachen aus über meinen fragenden Gesichtsausdruck: «Jamsched mit ‹j› wie Joint!»

Wie viel Haschisch wird er wohl in der vergangenen Nacht konsumiert haben? Er sitzt inmitten einer Ansammlung von Gepäckstücken.

«Gut, dass wir mit dem Zug zurück nach Lahore fahren», befindet Mudschtaba. «Haben Sie gehört, was in der Nacht passiert ist? Zwei große Busse sind südlich von hier, bei dem Ort Sann, frontal zusammengestoßen, Totalschaden und ausgebrannt. Beide Busse waren mit Wallfahrern besetzt, die einen wollten nach Sehwan, die anderen kamen von dort. Viele sind tot, einige schwer verletzt. Welch ein Unglück!»

Und ich hatte in Lahore in der Nacht vor meiner Abreise nach Sehwan im Traum ganz deutlich mehrere Leichen am Straßenrand gesehen! Mir läuft es kalt den Rücken hinunter.

Wir warten, und ich nutze die günstige Gelegenheit, eine Toilette aufzusuchen. Unter stechender Mittagssonne ziehen wir schließlich mit Taschen beladen los, schnellen Schrittes, sodass ich kaum mithalten kann. Bald bin ich in Schweiß gebadet, das Hemd klebt an meinem Körper. In einer geschäftigen Gasse wird an niedrigen Tischchen eine Art Roulette gespielt. Am Ende des

Festes bietet sich hier die Gelegenheit für Glücksspiel, das doch sonst im Gesetzesislam streng untersagt ist. Wie ich feststellen muss, bewegen wir uns nicht direkt in Richtung des Bahnhofs, sondern marschieren zunächst noch in ein anderes Viertel, um dort auf eine weitere Lahori-Familie zu warten, die gerade ihr Reisegepäck schnürt. Eine willkommene Gelegenheit zum Ausruhen und zum Trinken.

In einer Ecke des Hofes sitzt ein Mann mit untergeschlagenen Beinen auf einer Matte im Schatten eines Baumes. Er wirkt seltsam teilnahmslos, ja apathisch. Seine Haare sind strähnig, aber sein grauer Bart ist gestutzt und gepflegt, seine Augenbrauen auffallend buschig, die dunklen Augen passen zu seiner schwarzen Kleidung. Um den Hals trägt er eine Gebetskette aus dunkelbraunen Holzperlen. Er mag etwa sechzig Jahre alt sein. Ich setze mich zu ihm, biete ihm eine Zigarette an, doch er scheint durch mich hindurch zu sehen. Als ich ihn anspreche, legt er seine Hände wie zu einem Bittgebet zusammen und murmelt: «*Allah karega! –* Gott wird es richten!»

Ein jüngerer Mann, der mich beobachtet hat, tritt hinzu und erklärt: «Baba ist ein *Allah ka banda*, er ist ‹an Gott gebunden›, schon seit seiner Kindheit.»

«Was ist ihm zugestoßen?», erkundige ich mich.

«Baba ist mein Onkel väterlicherseits. Mein Vater hat uns erzählt, dass sein Bruder einmal am Abend nach Hause kam und völlig verstört war. Baba muss damals neun oder zehn Jahre alt gewesen sein. Er hat dann kaum mehr gesprochen. Meine Großmutter hatte den Verdacht, dass ihm Hindus Asche vom Verbrennungsplatz zu Essen gegeben und ihn so verwirrt und krank gemacht haben. Meine Familie lebte damals in der Nähe von Patiala im indischen Teil des Pandschab.»

«Das war also in der Zeit der Partition?»

«Ja, es passierte im Sommer 1947 während der blutigen Gemetzel zwischen Hindus, Sikhs und Muslimen. Meine Familie versuchte verzweifelt, mit einem der überfüllten Züge nach Lahore zu fliehen. Auf dem Bahnhof lief Baba immer weg und sträubte sich einzusteigen, hat mein Großvater erzählt. Sie haben deshalb mehrere Züge versäumt. Schließlich stieg er zwei Tage später doch in einen Zug, und dieser erreichte sicher sein Ziel. All die Züge, die zuvor von Indien nach Lahore gefahren sind, wurden überfallen und kamen nur mit Leichen beladen in der *steschn* an. Baba gehört zu den ‹Leuten Gottes›, er ist Gott näher als wir alle.»

Jetzt schaue ich den bärtigen Baba mit anderen Augen an – er ist eine Art Heiliger. Mit dem Daumen seiner rechten Hand zählt er gerade die Fingerglieder herunter.

«Sehen Sie», wirft der junge Mann ein, «er widmet sich dem Gedenken an Gott. Er segnet uns alle, auch unsere Freunde und Nachbarn. Durch seine Gebete kann er auch Krankheiten heilen.»

Schließlich hat die Familie, auf die wir warten, ihr Gepäck in Tücher zusammengebunden, und gemeinsam besteigen wir eine Pferdekutsche, die uns zur Bahnstation bringt. Baba sitzt vorne neben dem Kutscher. Während der Fahrt dringt rechts und links des Weges immer wieder *dhamaal*-Trommeln an unser Ohr – der Soundtrack des Qalandar-Kultes. Viele Pilger haben ihre Habseligkeiten zusammengepackt und ziehen in Gruppen zur Durchgangsstraße, wo im Sekundentakt Busse nach Norden oder Süden abfahren.

Spätnachmittags sitzen wir endlich im Zug, doch niemand scheint zu wissen, wann er sich in Bewegung setzen wird. Ich habe Muße, meinen Gedanken nachzuhängen und zu beobachten. Mudschtaba ist unterwegs, trifft Bekannte, redet mit Freunden, schaut aber gelegentlich in unser Abteil. Unmittelbar rechter Hand neben den Bahngleisen liegt ein Camp von Pakiwas, Zeltbewohnern, die herumziehen und verschiedenste Dienstleistungen anbieten. Welche berufliche Spezialisierung mögen sie wohl haben? Sind sie Gaukler, Akrobaten oder fahrende Musiker? Ich finde keine Anzeichen. Meine Zugnachbarn meinen nur abschätzig, dass es sich um Leute handele, die «ihr Haus auf dem Rücken tragen». Ich sehe den Kindern bei ihrem Spiel zwischen den Zelten zu, den aus dem Ort zurückkehrenden Männern und Frauen, die ihr Haar pflegen, Feuerholz bereitlegen und mit der Vorbereitung der Abendmahlzeit beginnen. Bald setzt die Dämmerung ein. Die Färbung der über den Lakki-Hügeln untergehenden Sonne glänzt metallisch, blass golden, wirkt mystisch-entrückt. Das Licht erinnert mich an Landschaftsbilder Edward Hoppers – an die Himmel über «House at Dusk» und «East River».

In den letzten Lichtstrahlen des Tages geht plötzlich vor meiner Fensterseite des stehenden Zuges eine Gestalt vorüber, deren Gesicht mir irgendwie bekannt vorkommt. Der Mann hat ebenfalls in unser Abteil gesehen, er stutzt und bleibt stehen. Erstaunt erkenne ich meinen Freund Liaqat Ali Bhatti! Seit langer Zeit hatte ich ihn aus den Augen verloren, da er unter seiner alten Adresse nicht mehr erreichbar war. Kennengelernt hatten wir uns Ende der 1980er-Jahre an einem Heiligenschrein an der Murree Road in Rawalpindi. Wir fuhren zusammen auf seinem Motorrad durch die engen Gassen und Straßen der Altstadt, und er führte mich ein bei dem alten, verzückten Heiligen Mama Dschi Sarkar, der hinter der großen Moschee an einem Abwasserkanal in einem mit Fresken ausgemalten, prächtig verzierten Raum lebte. Damals begann ich, ekstatische Gottsucher in Rawalpindi und im benachbarten Nurpur bei Islamabad aufzusuchen und landete schließlich am Berg der Berauschten. Liaqat und ich hatten so manche *mela* gemeinsam besucht, doch unser Wiedersehen hier in Sehwan kommt völlig unerwartet. Da es nur auf der linken Seite des Zuges Türen gibt, muss Liaqat vom Bahnsteig aus zwischen zwei Waggons über die hohen Puffer und Kupplungen klettern, um in unser Abteil zu gelangen.

«*Maschallah*, Wasim! Gott hat uns zusammengeführt! *Sunaie, haal tschaal kiya hai?* – Lass hören, wie geht's dir?»

Leider bleiben uns nur wenige Minuten, um uns auszutauschen, um über Wallfahrten der letzten Jahre zu reden, berufliche Veränderungen anzusprechen – Liaqat hat seine Beamtenpension in eine Hühnerfarm investiert – und über unsere grauen Haare zu schmunzeln. Welch eine Fügung, Liaqat so unerwartet in Sehwan zu treffen – wie schon am dritten Tag meines Aufenthaltes Mubarak Dschan. Nur Chisr, der Derwisch aus dem Lahorer *Three Star Hotel,* der sich schwarz kleidete, war mir entgegen seiner Ankündigung nicht mehr begegnet. Der Zug kann jederzeit anfahren. Liaqat befindet sich auf der Rückreise nach Rawalpindi, und seine Freunde sitzen in einem anderen Waggon, der am Gleisknotenpunkt von Khanewal, östlich von Multan, abgekoppelt werden wird. Schließlich setzt sich der Zug am Abend langsam in Bewegung und fährt hinein in die schwarze Nacht. Ein letzter Lichtstreif fällt auf das Lager der Pakiwas, das wie eine menschliche Insel inmitten der Wildnis zurückbleibt.

Neben uns hat sich im gleichen Abteil eine Familie eingerichtet, deren Männer als Sichtschutz für ihre Frauen Tücher zwischen die Verstrebungen der Sitzbänke spannen. Schiiten, denke ich, denn die Mutter ermahnt wiederholt energisch ihre Söhne mit Namen Hassan und Hussain. Zu unserer Lahorer Gruppe gehört ein Ringer und Athlet, der zum monotonen Rattern, Klacken und Scheppern der Räder auf den Schienen eine lange Ballade des Pandschabi-Dichters Mian Mohammad Bachsch vorträgt, eines Heiligen, der als ‹Rumi von Kaschmir› gerühmt wird. Die Verse reimen sich, sie erzählen von einem Prinzen, der eine lange Reise leidenschaftlicher Liebe antritt. Im Anschluss ertönt aus einem Kassettenrekorder der Maula-Ali-Song von Nusrat Fateh Ali Chan, den alle im Abteil mitsingen und dazu in die Hände klatschen. Nochmals ein rauschhaftes Zusammenströmen der Gefühle. Baba hebt seine Hände und murmelt etwas. Die Stimmung wird ruhiger, als die Männer beginnen, ihre Andenken von der Pilgerfahrt auszupacken und anzuschauen – gläserne Amreifen, Halsketten, Fingerringe und herzförmige Plastikanhänger mit dem Schriftzug *dschhuule Laal.*

Die Hitze lastet drückend auf uns, meine Kleider sind mit Schweiß getränkt vom Tag und von der Nacht. Ich finde keinen Schlaf. Wie auf der Hinfahrt breiten sich im Abteil schnell dichte Haschischrauchwolken aus. Die Fahrt wird lange dauern, erst in der kommenden Nacht sollen wir irgendwann in Lahore ankommen. Es scheint mir, dass wir an fast jeder Bahnstation im nördlichen Sindh und südlichen Pandschab halten – Larkana, Rohri, Mathelo, Sadiqabad, Rahimyar Chan und Chanpur sind nur die größeren. An den kleineren Stationen, an denen jeweils nur kurz gestoppt wird, gibt es kein Trinkwasser. Ich sehe, wie junge Männer, eine Plastikflasche in der Hand, zur nächsten Wasserstelle laufen. Doch die meisten können nur mit Mühe ein wenig Wasser einfüllen und müssen rennen, um den bereits wieder anfahrenden Zug noch zu erreichen. Aber Tee ist erhältlich und wird von den Bahnsteigen in Pappbechern durch die Fenster hereingereicht. Manchmal halten wir auf offener Strecke – ohne erkennbaren Grund. Mudschtaba und seine Begleiter schlafen und dämmern vor sich hin; Baba, der sich in die obere Gepäckablage zurückgezogen hat, wacht gelegentlich kurz auf und fällt dann in ein litaneiartiges Gottgedenken, wieder und wieder die Anrufung *ya kariim, ya kariim* vor sich hin murmelnd – einen der schönen Namen Gottes, in etwa ‹der Vortreffliche›, ‹der Großzügige›.

«Hört, unser Heiliger», bemerkt schlaftrunken der Ringer, «meine Tauben in Lahore, die gurren auch immer *ya kariim, ya kariim*. Aber es sind ganz besondere und wertvolle, die zur Baghdadi-Rasse gehören. Kennt ihr die?»

«Aaah, *yaar* – Freund», krächzt Mudschtaba und beugt sich vor, «hast du erst die Tauben bei Sultan Bahu gehört? Die gurren *haq ba-hu, haq ba-hu!*»

«*Haq ba-hu, be-schak ba-hu*», melden sich sofort die Übrigen im Abteil. Das ist der berühmteste Vers des Sufi-Poeten Sultan Bahu, der ungefähr so viel bedeutet wie: «Als mein Wesen im Wesen Gottes aufging, da nannte man mich Bahu.» *Ba-hu* heißt wörtlich ‹mit Ihm›, ‹mit Gott›. Sultan Bahu, ein Sufi-Meister des Qadiriyya-Ordens aus dem siebzehnten Jahrhundert, ist für seine mystische Liebespoesie in Pandschabi bekannt.

Als wir nachmittags Khanewal erreichen, äußert sich die Vorfreude der Reisenden bereits bei der dröhnenden Einfahrt in den Bahnhof in lauten Jubelrufen *Khanewaal-murschidwaal, Khanewaal-dschhuule Laal*. Diese Rufe verbinden den großen Eisenbahnknotenpunkt Khanewal mit dem Heiligen und Seelenführer Lal Schahbas Qalandar. Als der Zug mit ächzenden Bremsen zum Stehen kommt, werden die *dschhuule-Laal*-Rufe noch lauter, werden variiert und erschallen aus allen Abteilen und lauthals zur Begrüßung vom Bahnsteig. Jeder weiß, woher dieser Pilgerzug kommt. Endlich ein längerer Halt zum Umsteigen und zur Versorgung mit Ess- und Trinkbarem! Ich schlendere den Bahnsteig entlang, es stinkt nach schalem Urin und fauligem Obst. Auf dem Boden lagert eine Gruppe, die mir durch ihr Anderssein auffällt: Männer, ein paar Jungen und eine Frau, die am äußeren Rand sitzt. Einer der Jungen, der ein buntes Flickengewand trägt, macht einige Tanzbewegungen. Ich spreche einen der Männer an und erfahre, dass ihre Zelte am Rand der Millionenstadt Faisalabad stehen. Offensichtlich handelt es sich um eine zigeunerähnliche Gruppe, um Fahrende, die als Entertainer arbeiten. Ja, sie hätten in Sehwan Qalandar-Lieder gesungen und würden sich dabei mit der eisernen Feuerzange und der kleinen Trommel rhythmisch begleiten. Einer bittet mich um Geld: Er ist ganz in Rot gewandet, trägt lange Haare und posiert als Derwisch – eine der Mimikry-Strategien zigeunerähnlicher Gruppen in Pakistan.

Nach einer Weile geht es mit dem Zug weiter in Richtung Sahiwal und Okara. Unter unseren Mitreisenden ist ein vollbärtiger Qari, der in einer Dorfmoschee bei Raiwind als Vorbeter und Rezitator angestellt ist. Ein Teil seines Namens – Haschmi – weist ihn als direkten Nachkommen des Propheten aus. Auf seiner

Stirn prangt ein kleiner dunkler Hautfleck, wundgescheuert durch die Niederwerfungen bei den täglichen Gebetsübungen. Der Qari erzählt, dass er zwar an vielen Heiligenfesten im Pandschab teilgenommen, aber die *mela* in Sehwan Scharif nun zum ersten Mal besucht habe. Seit Jahren schon hätten ihn seine Freunde gedrängt, sich ihnen zum großen Fest anzuschließen, doch ohne den «Befehl» des Heiligen habe er die Reise nicht antreten wollen. Nun, dieses Jahr habe er den Ruf des Qalandar vernommen und sei ihm gefolgt.

«Qalandar Lal Schahbas hat jedes Jahr die Hadsch unternommen», erklärt er, «er ist in Gestalt eines Königsfalken durch die Luft geflogen. Jeder weiß das. Eines Tages aber holte ihn der große Sufi-Meister Hasrat Sadruddin Arif herunter auf die Erde, indem er einen heftigen Sturm sandte. Der Heilige aus Multan wies den Qalandar zurecht: Es sei doch unmoralisch, in den Lüften zu fliegen und von oben auf die nackt im Indus badenden Frauen herabzuschauen. Daraufhin stellte sich der Qalandar zwölf Jahre in den Dienst Sadruddins. Danach geschah das Wunder, dass er die Pilgerfahrt nach Mekka jedes Jahr unterirdisch durchführte. Haben Sie nicht seinen Thron beim Lal Bagh besucht? Dort ist der Eingang in die Unterwelt, in die der Heilige hinabgestiegen ist.»

«Und was denken Sie über die Musik und den Trancetanz in Sehwan?», frage ich. Schließlich ist Haschmi-Sahib ein Moscheebediensteter, gehört also zur islamischen Orthodoxie, die musikalische Zusammenkünfte an Sufi-Schreinen gewöhnlich sehr argwöhnisch betrachtet und Musik verbietet und verteufelt. Man fürchtet, dass die Gläubigen in die Welt des Rausches und der Ekstase gerückt werden und den islamischen Gesetzesvorschriften entgleiten.

Der Qari schweigt eine Weile, dann entgegnet er: «Es ist gottgefällig, den Todestag der Sufi-Heiligen zu feiern und zu ihren Gräbern zu pilgern. Wer gesündigt hat, kann Fürsprache bei den Heiligen erflehen, besonders bei Abdul Qadir Dschilani. Wer krank ist, wird geheilt werden. Qawwali-Musik ist eine Gabe Gottes, die auch heilende Wirkung haben kann.» Nur auf den Tanz geht der Qari nicht ein.

«Aber vergesst das Gebet nicht!», nachdrücklich wendet er sich an uns alle und breitet die Arme aus. «Geht zum Gebet in die Moschee! Die täglichen fünf Gebete wiegen mehr als eure fünf Tage in Sehwan.» Doch das rauschende Fest des Qalandar wurde nicht nur in der Helle des Tages gefeiert, sondern mehr noch in der Nacht …

Mudschtaba fällt ihm erregt ins Wort: «Also, was sagen Sie? Wir kennen doch alle das Sprichwort: ‹Mulla ke daur sirf masdschid tak – der Mulla rennt nur bis zur Moschee› – weiter reicht sein beschränkter Horizont nicht. Seit Sia ul-Haq, dem ‹Frömmler›, bauen die Mullas doch an jeder Ecke Pakistans eine Moschee! In den Städten große mit grünen Kuppeln, finanziert von arabischen Wahhabis, und auf dem Lande ‹Moscheen aus eineinhalb Ziegelsteinen›. Jeder will heute seine eigene Moschee.»

«Die Moschee ist doch kein Haus Gottes mehr», poltert der Ringer. «Da wird doch nur getrennt nach Wahhabis, Ahl-e Hadith, Ahl-e Quran, Deobandis, Barelwis, Sunniten, Schiiten. Jede Gruppe denkt, dass nur sie die Wahrheit besitzt! Dabei haben wir an den Schreinen unserer Sufi-Heiligen nichts zu tun mit Kasten und Sekten.»

«Der Respekt vor den Rechten anderer Menschen ist eine religiöse Pflicht im Islam», beteuert Haschmi-Sahib.

«Das hört sich gut an, doch wie sieht die Wirklichkeit aus? Jeder sagt *salaam* und entbietet den Friedensgruß, aber bringen die Menschen heute Frieden? Sind denn die Betenden noch sicher in den Moscheen? Extremisten werfen Bomben hinein. Hast du nicht von den Attentaten gehört? In der Moschee findest du Gott nicht mehr! Was hat die Liebe zu Gott mit Töten zu tun?»

Mudschtaba, dem ich diese Eloquenz nicht zugetraut habe, schaut sich um, seine Freunde stimmen ihm zu. Meine unterschwellige Abneigung gegen ihn schwindet, ich hätte ihn von Anfang an nehmen sollen, wie er ist.

«Bombenanschläge gibt es auch an Heiligenschreinen», erwidert Haschmi. «Erst vor einigen Monaten ist das passiert, beim Fest von Barri Imam und dann auch in Belutschistan.»

Mudschtaba flackert mit seinem rechten Auge, er wirkt unwirsch: «Und wie wurden sie zu Bombenleger-Bastarden? Wie sagt man dafür auf Englisch, Wasim-Sahib?»

«*Brain-washed*», werfe ich schnell ein.

«Ja genau, *braiiin-woschet,* und von wem? Von den Mullas in den Koranschulen, diesen Papageien des Paradieses, die nur an sich selbst denken!»

Mudschtaba hat sicher Recht, dass Attentäter in Koranschulen rekrutiert werden, doch hängen keineswegs alle dieser religiösen Institutionen radikalen Interpretationen des Islam an. Tatsächlich führen Armut und das Fehlen von Bildung dazu, dass junge Leute sich extremistischem Gedankengut öffnen und leichter indoktriniert werden können. Manche Prediger propagieren das Märtyrertum und reden ihren Schülern ein, sie gehörten zu den Auserwählten, die ihr Leben opfern sollten. Dies sichere ihnen einen Platz im Paradies. Solcherart beeinflusst, verlieren die Schüler rasch ihre Bindungen an Familie und Freunde. Was die Mullas dieser Schulen verschweigen oder selbst nicht wissen, ist die Unvereinbarkeit ihrer Irrlehren mit dem Gebot der Mäßigung im Islam!

«In unserem Dorf passiert so etwas nicht», verteidigt sich denn auch der Qari. «Der Prophet – Friede sei mit ihm! – hat doch gesagt: Der Tag ist hell, verdunkle ihn nicht mit Missetaten!»

«Aber was wird denn in den Koranschulen unterrichtet? Nur Buchwissen! Den Koran könnt ihr zwar kunstvoll rezitieren und die Lebensgeschichte unseres Propheten erzählen, aber welche Ahnung habt ihr von *General Science,* Geografie, Politik und Mathematik? Und sprechen Sie etwa Englisch wie Wasim-Sahib?

Ich bin nur Schneider, meine Eltern haben mich auf keine Schule geschickt.»

«Schaut euch nur diese *tschannas* an, ‹kahlköpfig wie Kichererbsen›, wenn sie nicht gerade ihr Gebetskäppchen aufgesetzt haben», meldet sich der Ringer. «Im Alter von sieben oder acht Jahren kommen sie in die Koranschule. Vor dem Abendgebet gehen sie von Haus zu Haus, um sich ihr Essen zu erbetteln. Die Mullas verbieten ihren Schülern und überhaupt allen Muslimen sogar im Sommer, die Ärmel ihrer Hemden hochzurollen. Und wie lächerlich sie selbst aussehen mit ihren dünn gestutzten Oberlippenbärtchen und den Hosen, die sie bis weit über die Knöchel hochziehen.»

«Arme Kerle», stimme ich zu, «welch ein freudloses Leben sie haben.»

Dabei denke ich auch an die zunehmend orthodox-puritanische Frömmigkeit und den Anti-Sufismus des Sunni-Mainstreams in Pakistan – dreißig bis vierzig Prozent der Bevölkerung oder noch mehr teilen ihn seit den Anschlägen vom elften September 2001 in New York. Sehwan gilt diesen Strenggläubigen als ein Tor zur Hölle.

«Freudlos?», wirft Mudschtaba ein. «Die fressen sich doch voll und laufen mit einem fetten Bauch herum, überall lassen sie sich einladen, ihr eigenes Speisetuch bleibt so sauber, da können sie drauf beten.»

«Wissen Sie, welche Erfahrungen die Koranschüler machen?», fragt der beleibte Pandschabi, der mir gegenübersitzt. «Sie werden von ihren Lehrern sexuell missbraucht, das liest man ständig in der Zeitung.»

«Widerliche Schwesternficker, diese Taliban», zischt Mudschtaba, «Frauen müssen sich einen Finger in den Mund stecken, wenn sie mit Männern sprechen, damit ihre Stimmen unweiblich, nur lallend zu vernehmen sind und kein männliches Begehren wecken.»

Erstaunt und wütend zugleich schauen wir uns an.

«Überhaupt behandeln die Taliban Menschen wie Schafe und Ziegen, Lachen und Lebensfreude haben sie verboten, dabei ist unsere Religion in ihrem Wesen doch ein *roschan mashab*, ein lichtvoller Glaube! Es sind doch nur die Langbärtigen, die unseren Islam verunglimpfen.»

«Meinen Sie etwa, ich würde den *dschihaad* predigen, nur weil ich einen Bart trage? Was für ein Unsinn! Sind wir etwa alle gewalttätig?»

«Nein, aber hören Sie zu, Qari-Sahib, noch etwas muss ich Ihnen sagen», ereifert sich Mudschtaba weiter. «Die Mullas erklären, Wissenschaft sei *haraam* – verboten – nicht wahr? Aber ihr habt doch Lautsprecher! Rufen Sie nicht mit einem Lautsprecher zum Gebet? Ist das nicht Technik?»

Ein anderer ruft dazwischen: «Bei uns in Baghbanpura in Lahore hörst du aus dem Lautsprecher oft Kinderschreien, und die Maulvis rülpsen ins Mikrofon. Ist es nicht so?»

Haschmi-Sahib ringt um Worte: «Seid still! Aber ist es nicht auch so, dass im Pandschab auf dem Lande manche Leute nur *Bismillah* – ‹Im Namen Gottes› – sagen können, nicht einmal den Fortsatz *ar-rahmaan ar-rahiim* – ‹des Erbarmers, des Barmherzigen›? Sie kennen die Gebetstexte nicht und ahmen beim Gebet nur den Vorbeter nach.»

«Ach hören Sie auf, Haschmi-Sahib, ich habe von Mullas gehört, die selbst Analphabeten sind und keine Zeitung lesen können», wirft der Ringer ein, «und dann reden sie verächtlich über unsere Dichter, bezeichnen Poesie als ‹Auswurf des Satans›!»

«*Ab-bas* – genug jetzt!», lässt Baba plötzlich vernehmen, der sein Gottgedenken unterbrochen hat und den Finger an den Mund legt.

«Ach was», scherzt Mutschtaba, «der Qari heißt doch nicht Abbas, sondern Haschmi.»

Die hitzige Debatte endet in allgemeinem Lachen.

Am Abend beginnt der Qari in unserem Zugabteil mit der Rezitation der Sure *ya-sin* aus dem Koran, die besonders schutzmächtig ist. Welch ästhetischen Wohlklang hat doch die Sprache des Korans! Es folgen Loblieder auf den Propheten, die er mit schöner Stimme vorträgt. Anschließend deklamiert er Verse moralischen Charakters aus dem Werk von Ahmad Resa Chan, dem Begründer der frommen Barelwi-Bewegung, einer devotionalen Orientierung des sunnitischen Islam, die Ende des neunzehnten Jahrhunderts entstand und sich offen und tolerant zeigte gegenüber den Ausdrucksformen des traditionellen Sufismus. Die meisten der Mitreisenden ehren den Vortrag des Qari mit dem Ruf *Subhanallah* – ‹Preis sei Gott!› –, andere bleiben indifferent. Mudschtaba murmelt schlaftrunken: «Worte sind nur etwas für Mullas», und lässt seinen Kopf wieder auf die Schulter seines Nebenmannes sinken. Alle werden jedoch mit einem Schlage hellwach, als der Qari winzige Samenkügelchen auspackt und herumzeigt, die er von einem der *piirs* in Sehwan als Geschenk erhalten hat. Die Samen werden *laal* – ‹Rubine› – genannt und sollen vor allem solchen Frauen zu Fruchtbarkeit verhelfen, die noch nicht geboren haben. Das Interesse der Männer ist groß, jeder sichert sich einige Kügelchen, die der Qari bereitwillig verteilt. Er weist darauf hin, dass die Frau nach einem der fünf täglichen Gebete unbedingt noch zusätzliche Gebetstexte sprechen und anschließend im Namen des Lal Schahbas Qalandar zwei Samenkügelchen mit etwas Flüssigkeit nehmen soll. Dann werde sie gewiss bald schwanger werden. Den gleichen Zweck erfüllen weiße Steinchen, die zerstoßen und mit Milch getrunken werden sollen, aber er hat nur ganz wenige davon. Mudschtaba flüstert mir ins Ohr: «Ich kenne aus Kaschmir noch ein anderes Mittel, das garantiert Kindersegen bringt. Eine Wurzel, die aussieht wie ein beim Sex miteinander verschlungenes Paar. Sie wird gegessen.» Es muss sich um Alraune handeln, denke ich.

Nach dem Verteilen der Fruchtbarkeitssamen holt der Qari einige Musikkassetten von Nusrat Fateh Ali Chan hervor, und wir hören Qawwali-Sufi-Musik, bis am späten Abend eine Brass-Band von einem Abteil ins andere zieht, um uns die Wartezeit bis zur Ankunft in Lahore zu verkürzen. Gegen ein Uhr nachts fährt der Zug in den Bahnhof von Lahore ein. Jeder rafft eilig sein Gepäck zusammen, verabschiedet sich und geht seiner Wege. Am nächsten Tag werden die Wallfahrer Freunde und Bekannte zu einem gemeinsamen Essen einladen, ein wenig mitgebrachten segenshaltigen Reis aus der Freiküche von Sehwan mit in den frisch gekochten Reis mischen und rote und schwarze Wollschnüre als Pilgerandenken verteilen.

Dankbar sinke ich in mein Bett im Haus von Aschfaq. Ich fühle mich zerschlagen, der Kopf schwirrt mir von der enormen Physikalität der Ereignisse in den vergangenen fünf Tagen und Nächten, der Fülle an Sinneseindrücken, lärmendem Festtreiben, dionysischem Rausch, wilder Entgrenzung und inniger Hingabe. Die Trancetänzer erfahren in der Ekstase ein ‹Leerwerden im Kopf›, ich selbst dagegen habe meinen Geist gefüllt, habe beobachtet, studiert, notiert und protokolliert – über das Erleben der Pilger während des Festes und über den Trancetanz, körperliche Dimensionen von Religion, die im Westen weitgehend verloren zu sein scheinen. Daneben schrieb ich an diesem *rihla* oder *safar-nama*, wie man im Arabischen und Persischen ein Reisetagebuch nennt.

Reisen, die dazu dienen, den eigenen Wissensdurst zu stillen, hat schon der Prophet Muhammad empfohlen. Und sein Vetter und Schwiegersohn Ali soll gesagt haben: «Wenn Gott einen Menschen demütigen wollte, dann würde er ihm Wissen vorenthalten.» Im Islam gilt Wissen als Tor zum Paradies und Reisen als Schlüssel zu diesem Tor. Von dieser höheren Form des Reisens bin ich noch weit entfernt; in manchen Augenblicken hat sich meine Vernunft wieder aufgebläht gegen die Ekstase, ist die frühere Rastlosigkeit wieder an die Stelle wachsender Gelassenheit getreten. Aber endlich bin ich nicht nur mit dem Kopf dabei gewesen, sondern auch mit dem Körper.

Bei dieser Pilgerreise in das Archaische fühlte ich mich mit Leib und Seele in das Geschehen einbezogen, hatte die Intensität der rituellen Entgrenzungen durch die Poren meiner Haut gespürt. Ich empfinde die fünf Tage und Nächte in Sehwan als eine erfüllte Zeit, doch war es im Grunde nur ein sporadisches Eintauchen in die Lebenswelt der Derwische. In meinen Gedanken habe ich mit dem «Eintauchen» kokettiert und bin doch nur Zaungast geblieben. Aber ich erfuhr die Wohltat der Gastfreundschaft und schätzte die Offenheit meiner Gastgeber. Von Arif Sain lernte ich, wie sehr Vertrauen den Weg zur islamischen Spiritualität öffnet.

Die *mela* in Sehwan – ein spektakuläres Groß-Event, eingebettet in den zyklischen Festkalender der ländlichen Bevölkerung im Pandschab und Sindh, eine lebensfrohe Gegenwelt zur Freudlosigkeit strenggläubiger Muslime, ein Erlebnis außerhalb der normalen Zeit. Bei diesem Fest geht es um Hoffnungen, Sehnsüchte und Trost und nicht um die Manipulierung von Menschen; die Pilger kleiden sich individuell, nicht uniform wie bei der Hadsch in Mekka. Sie genießen die heitere Weltzugewandtheit, das Unbeschwerte und Karnevaleske; viele suchen Grenzüberschreitungen im Rausch. Für die Jüngeren bedeutet die *mela* in erster Linie Fun – unmittelbare Freude, Spaß und Ausgelassenheit in der Gemeinschaft von Freunden inmitten eines roten Farbmeeres. Die *mela* hat *masah* – Geschmack –, den Ausdruck hatte ein junger Mann im Zelt von Arif Sain verwendet. Ein anderer bekannte: «Ich liebe es einfach.»

Puristen des islamischen Glaubens mussten diese Pilgerfahrt als einzigen Horror empfinden, für mich war es dagegen ein einziger Rauschtrank. Mir kommt der Beginn eines Vierzeilers von Rumi in den Sinn: «Wir sind zur Not auch ohne Wein betrunken …»

Eine wunderbare Sattheit und Erfülltheit lassen mich schließlich schlafen. Sehwan ist zu einem inneren Ort meines Gedächtnisses geworden.

Am nächsten Tag bleiben Aschfaq meine physische Erschöpfung, die Schwierigkeit, die Verdauung wieder zu regeln, und die nervliche Überanstrengung nicht verborgen.

«Du solltest in die Einsamkeit der Salt Range gehen», rät er mir, «dort in den Bergen ist es angenehm und kühl, dein Geist wird Ruhe und Klarheit finden. Und hier, nimm etwas schwarzes Salz, damit du nicht im Gedärm leidest wie der Heilige Baba Farid, der an Koliken zugrunde ging. In zehn Tagen komme ich mit Freunden nach, wir feiern ein Heiligenfest draußen in der Wildnis, mit viel Musik, du wirst es genießen und weiter lernen, mit dem Herzen zu sehen!»

Worterklärungen

Hinweise zur Transkription

Begriffe aus orientalischen Sprachen sind in äußerst vereinfachter Form auf der Grundlage des Deutschen wiedergegeben. Bei kursiv gesetzten Ausdrücken und wörtlicher Rede wurde besonders auf die Nähe zur tatsächlichen Aussprache in Urdu, Pandschabi usw. Wert gelegt. Die im Text genannten Jahreszahlen entsprechen – falls nicht anders vermerkt – der christlichen Zeitrechung, nicht dem islamischen Mondkalender.

ab-bas	«Genug jetzt!» (alltagssprachliche Wendung in Urdu)
Abdul Qadir Dschilani	1077–1166; berühmter islamischer Mystiker und Gründer des Sufiordens der Qadiriyya; Grabmal in Bagdad
Abro	ethnische Gruppe in den pakistanischen Provinzen Sindh und Belutschistan
agarbatti	Räucherstäbchen
agarbatti-wala	Verkäufer von Räucherstäbchen
Ahl-e Hadith	wörtlich: ‹Leute des Hadith› (d. h. der Überlieferungen des Propheten Muhammad); 1864 gegründete schriftgläubige sunnitische Reformbewegung in Südasien; ablehnend gegenüber volksreligiösen Riten der Devotion
Ahl-e Quran	wörtlich: ‹Leute des Koran›; Anfang des 20. Jh.s gegründete schriftgläubige sunnitische Bewegung, die sich ausschließlich auf den Koran beruft; ablehnend gegenüber volksreligiösen Riten der Devotion
Ahmad Resa Chan	siehe ‹Barelwi›
Ali	Ali ibn Abi Talib (gest. 661), Vetter und Schwiegersohn des Propheten Muhammad, vierter Kalif der Sunniten (598–661) und erster Imam der Schiiten; Grabmal in Nadschaf im Irak

Ali Sain ul-Abidin	vierter Imam der Schiiten (gest. um 713)
Baba	wörtlich: ‹Großvater›; respektvolle Anrede für ältere Sufis, Derwische und Gelehrte
Baba Farid	1175–1265; bedeutender Heiliger des Sufiordens der Tschischtiyya; Grabmal in Pakpattan im Pandschab
Baba Schah Dschamal	siehe ‹Schah Dschamal›
Banyan	Feigenbaumart (*ficus religiosa*)
Barelwi	sunnitische Reformbewegung mit devotionaler Orientierung, gegründet von Ahmad Resa Chan (1855–1921) aus dem nordindischen Bareilly (davon abgeleitet «Barelwi»)
Barri Imam	1617–1705/06; eigentlich Sayyid Abdul Latif Schah, berühmtester Sufi-Heiliger der Potohar-Region im nördlichen Pandschab und Anhänger der Qalandar-Bewegung; Grabmal in Nurpur bei Islamabad
Belutschen	in zahlreiche Stämme gegliederte Ethnie in Pakistanisch-Belutschistan sowie im angrenzenden östlichen Iran und südlichen Afghanistan; noch vielfach nomadisch lebend
bhai	Bruder
bhang	Cannabis-Rauschtrank
Bhartrhari	570–651; indischer Dichter und Yogi der shivaitischen Nath-Bewegung
Bidi	indischer Zigarillo mit einem Tendublatt (*diospyros celebica*) als Hülle und Tabak und anderen Kräutern als Füllung
bismillah	wörtlich: ‹im Namen Gottes›; arabische Formel, die im Alltag der Muslime meist vor Verrichtung einer neuen Tätigkeit gesprochen wird
Bodla Bahar	mythenumrankter Lieblingsschüler von Lal Schahbas Qalandar; Grabmal in Sehwan Scharif in Sindh

bol	Lobesformel, iterativ skandierte oder gesungene Wortfolge
Bullhe Schah	1680–1752; Sufi-Heiliger und größter mystischer Dichter im Pandschab; Grabmal in Kasur im Pandschab
buuti	Cannabis-Rauschtrank
chimta	Rhythmusinstrument in Form einer Feuerzange; von Derwischen und wandernden Sängern gespielt
dabal-sigret	wörtlich: ‹doppelte Zigarette›; aus Cannabis und Tabak gedrehte Zigarette (Joint)
darbaar	Schrein und Grabmal eines Sufi-Heiligen; eigentlich Bezeichnung für den Hof eines Herrschers
Data Gandsch Bachsch	siehe ‹Hujwiri›
Deobandi	schriftgläubige islamische Reformbewegung der sunnitischen Richtung; 1867/68 im nordindischen Deoband gegründet; ablehnend gegenüber volksreligiösen Riten der Devotion
dera	Wohnplatz, Empfangsraum, bei Derwischen auch ein Zelt
Derwisch	wörtlich: ‹der von Tür zu Tür geht›, ‹arm›. Frei und ungebunden lebender islamischer Mystiker (Sufi) und Asket, der oft keiner organisierten Bruderschaft angehört
dhamaal	devotionaler Trancetanz in Südasien
dhol	zweifellige Fasstrommel
dhol-wala	*dhol*-Spieler, Trommler
Dschafar as-Sadiq	sechster Imam der Schiiten (gest. 765)
Dschalali	Derwische einer indo-pakistanischen Bruderschaft, die den schrecklichen und Furcht erregenden Aspekt göttlicher Majestät verkörpern

dschalebi	frittierte Zuckerkringel
dschhuule Laal	wörtlich: ‹O du Roter, der sich wiegt›; ursprünglich Kosename für Udero Lal, die alte Flussgottheit des Indus, übergegangen auf den Sufi-Heiligen Lal Schahbas Qalandar
dschihaad	Begriff, der als «umfassende Anstrengung und Bemühung für den Glauben» verstanden wird. Neben dem «kleinen *dschihaad*» mit kriegerischen Mitteln gibt es im Sufismus den «großen *dschihaad*» gegen die eigene Triebseele.
dschinn	Geist, Dämon
duudpatti	wörtlich: ‹Milch und Blätter›; in Milch aufgekochter Schwarztee
Fakir	wörtlich: ‹Armer›; Bezeichnung für muslimischen Derwisch, der bedürfnislos und einfach lebt
garvi-wali	Frauen zigeunerähnlicher Gruppen, die Lieder singen und sich dabei rhythmisch auf einem kleinen Metalltopf (*garvi*) begleiten; sie tanzen auch bei Heiligenfesten
ghar-wali	«in den vier Wänden des Hauses wohnende Frau»; verheiratete, ehrbare Frau
Ghasele	lyrisches Gedicht von kurzer, filigraner Form mit musikalischer Qualität; von Persien aus nach Südasien verbreitet; wichtige poetische Form der islamischen Mystik
haal	Trancezustand, der sich in intensiver körperlicher Ekstase zeigt
Hadsch	Pilgerfahrt nach Mekka; als eine der fünf Säulen des Islam von Muslimen möglichst einmal im Leben zu unternehmen
Haidar	wörtlich: ‹Löwe›; Beiname für Ali und Bezeichnung für Anhänger eines schiitisch geprägten Sufiordens

halwa-puuri	Süßspeise aus Weizengrieß mit Zucker (*halwa*) und Fladen aus Blätterteig (*puuri*)
haraam	rituell verboten, unrein
Hasrat	Ehrentitel für einen muslimischen Heiligen
Hassan	zweiter Imam der Schiiten (gest. zwischen 670 und 680); Enkel Muhammads, älterer Sohn von Ali und der Prophetentochter Fatima, Bruder von Hussain
Hidschra	Angehörige des «Dritten Geschlechts» (Eunuchen/ rituell kastriert, Hermaphroditen, Transsexuelle, Transvestiten)
Hindu-Sadhu	siehe ‹Sadhu›
Hudschwiri	gest. 1071/72; berühmter Sufi-Heiliger und Prediger; im Volk genannt Data Gandsch Bachsch (‹der Schätzever- teiler›); Schutzpatron von Lahore, auch dort begraben
Hussain	dritter Imam der Schiiten (gest. 680); Enkel Mu- hammads, jüngerer Sohn von Ali und Fatima, Bruder von Hassan
Imam	islamischer Vorbeter und Glaubenslehrer; religiöser Ehrentitel; bei Schiiten legitimer Nachfolger des Propheten
Ismailiten	«Siebener-Schiiten», im 8. Jh. abgespaltene schiitische Sekte, die sich auf Dschafar as-Sadiqs Sohn Ismail (736– 760) zurückführt
Jamsched	gesprochen: Dschamsched; Codewort für Joint
Kaaba	würfelförmiges Zentralheiligtum des Islams in Mekka, nach dem sich die Muslime beim Gebet ausrichten; Ziel der jährlichen Hadsch
kaafila	wörtlich: ‹Karawane›; Reisegemeinschaft von Wander- derwischen

Kadschal	schwarze Antimon-Augenschminke. Neben dem Hindi/ Urdu-Wort kadschal – im Deutschen (phonetisch irreführend) ‹Kajal› geschrieben – sind dafür im Persischen sorma und im Arabischen kohl gebräuchlich.
Kaka Sahib	Sufi-Heiliger, dessen Grabmal in der Nähe von Nows- hehra liegt; Ziel einer der wichtigsten Wallfahrten in der Nordwest-Grenzprovinz/Pakistan
Kalif	wörtlich: ‹Nachfolger›, ‹Stellvertreter›; vor allem verwendet für den Nachfolger des Propheten in der Leitung der Glaubensgemeinde
Kandschar, Kandschari	Angehörige einer niedrigen Kaste im Pandschab, deren Frauen als Tanzmädchen und Prostituierte arbeiten
Kathak	klassischer Tanz an den Fürstenhöfen Nordindiens
khoka	kleiner Teeausschank (alltagssprachlich in Pandschabi)
Khomeini	Ayatollah Ruhollah Musavi Khomeini (1900–1989); strenggläubiger schiitischer Geistlicher und spiritueller Führer der islamischen Revolution im Iran
Khorassan	historische Kulturprovinz im Gebiet des heutigen Nordost-Iran, West- und Nordwest-Afghanistan und südlichen Turkmenistan
Lahut Lamakan	Höhlenheiligtum im Distrikt Las Bela in Pakistanisch- Belutschistan
Lakiari	Sayyid-Familie in Sehwan Scharif
lal	Rubin, auch Bezeichnung für die Farbe Rot; gespro- chen: ‹laal›
Lal Schahbas	wörtlich: ‹roter Königsfalke› (gesprochen: ‹Laal Schahbaas›); Ehrenname für den berühmten Sufi- Heiligen Scheich Usman Marwandi (gest. 1274), Führer der Qalandar-Bewegung in Südasien; begraben in Sehwan Scharif (Sindh)
langar	Freiküche an den Heiligenschreinen
lota	Wasserkanne (vor allem auf Toiletten benutzt)

maal	wörtlich: ‹Ware›; auch in Verbindung mit Haschisch verwendet
madschnun	ein vor Liebe verrückt Gewordener, romantischer Narr
Malang/ Malangni	männlicher/weiblicher Derwisch in Südasien
Malla	Kaste der Fischer
mandschan	Zahnpulver
mansil	Etappe, Wegstrecke
Mansur al-Halladsch	858–922; für seine ekstatischen Äußerungen bekannter Mystiker und Märtyrer, der in Bagdad wegen Häresie verurteilt und hingerichtet wurde
mastaani buuti	Rauschtrank, siehe auch ‹bhang›
mast-fakir	verzückter, berauschter Fakir und Derwisch
masti	Rausch
Maula Ali	‹Meister Ali›; siehe ‹Ali›
Maulvi	sunnitischer Geistlicher
maund	indisches Gewichtsmaß, entspricht 35,3 kg
mehndi	Henna *(lawsonia alba);* Blätter ergeben einen roten Farbstoff
mela	wörtlich: ‹Mischung›; Fest, vor allem zur Verehrung muslimischer Heiliger (im Buch: Fest zur Verehrung von Lal Schahbas Qalandar in Sehwan)
Mohra Scharif	Heiligenschrein im Pandschab in den Vorbergen des Himalaya
Mudra	symbolische Handgeste im Buddhismus und in Hindu-Traditionen (z. B. im Tanz)
mudschra	Vorführung von professionellen Tänzerinnen
Muhammad	um 570–632; Religionsstifter und Prophet des Islam, Gesandter Gottes
Mulla	Titel für einen islamischen Geistlichen und Lehrer

Murschid	Sufi-Lehrmeister und Seelenführer
Naqschbandi, Naqschbandiyya	gesetzeskonformer, eher nüchterner Sufiorden, seit dem 14. Jh. von Zentralasien aus verbreitet; ablehnend gegenüber der gefühlsbetonten Mystik der Heiligenschreine
naswaar	Mundtabak (in Pakistan, Afghanistan und Teilen Zentralasiens verbreitet)
natsch-wali	professionelle Tänzerin; früher an Fürstenhöfen auftretend, heute in den Rotlichtvierteln pakistanischer Städte
Nisamuddin Auliya	1236–1325; bedeutender Heiliger des Sufiordens der Tschischtiyya; Grabmal in Delhi
paan	Pfriem zum Kauen aus zerstoßener Betelnuss, die zusammen mit verschiedenen Ingredienzen in ein grünes Blatt *(paan)* gerollt wird
pak	rein
Pandschab	«Fünfstromland» an den Zuflüssen des Indus; seit 1947 zwischen Pakistan und Indien geteilt
Pandschabi	indo-arische Sprache des neu-indischen Zweiges
papar	dünne, knusprige Fladen, mit Koriandersamen zubereitet
papar-wala	Verkäufer von *papar*-Fladen
paratha	in Butterschmalz oder Butter gebackene Fladen aus Weizenmehl
Paschtunen, Pathanen	Stammesvolk in Westpakistan und Süd- und Ostafghanistan; spricht die ostiranische Sprache Paschto
piir	Sufi-Lehrmeister, Heiliger oder Nachkomme eines Heiligen, Oberhaupt eines Sufiordens
qadiim alam	wörtlich: ‹alte Standarte›; im Buch: Standarte vor dem östlichen Portal des Heiligenschreins von Lal Schahbas Qalandar

Qadiriyya	größter und bekanntester Sufiorden der muslimischen Welt; siehe auch ‹Abdul Qadir Dschilani›
Qalandar	Wanderderwisch; speziell: Titel des Sufi-Heiligen Lal Schahbas
Qalandariyya	Bewegung frei und ungebunden lebender Derwische, die sich gegen die Normen des orthodoxen Islam stellen; im 13. Jh. im ostiranisch-zentralasiatischen Raum entstanden
Qari	Vorbeter und Rezitator in einer Moschee
Qawwal	muslimische Berufsmusiker des Genres der spirituellen *qawwali*-Musik in Pakistan und Indien
Qawwali	ekstatische Musik des Sufismus in Südasien; in Gesang umgesetzte mystische Liebespoesie
Raga	klassische indische Musik; musikalischer Modus (Töne und Klangformen), der einer spezifischen emotionalen Stimmung entspricht
Rahman Baba	1651–1709; paschtunischer Dichter und Mystiker des Ordens der Tschischtiyya
raqs	Tanz
resaa	Zufriedenheit und Herzensruhe, die dem Sufi aus der Gottesliebe erwachsen
Rumi	Maulana Dschalal ud-Din Rumi, 1207–1273; großer Mystiker und Dichter, einer der bekanntesten Heiligen West- und Südasiens; gründete den Mevlevi-Sufiorden
Saayeriin	Pilger, Wallfahrer
Sachi Dschamal Schah	Sufi-Heiliger; Grabmal in Sehwan Scharif
Sadhu	Asket innerhalb der Hindu-Tradition
Sadruddin Arif	gest. 1286; Heiliger des Suhrawardiyya-Sufiordens aus Multan im südlichen Pandschab
Sahib	höfliche Anrede ‹Herr›

Sain ul-Abidin	siehe ‹Ali Sain ul-Abidin›
Sain-dschi	im volkstümlichen Islam des Pandschab Ehrentitel für einen Derwisch oder Asketen; *Sain* im Sindh auch höfliche Anrede im Sinne von ‹Meister›, mit dem Suffix -dschi als zusätzlicher Respektbezeugung
salaam	Friedensgruß; Kurzform von *as-salam aleikum* – ‹Friede sei mit Euch›
Samma	ethnische Gruppe; herrschte seit Mitte des 14. Jh.s in der Provinz Sindh und besetzte damals auch Sehwan
Satschal Sarmast	1739–1829; Sufi-Heiliger und Dichter aus dem nördlichen Sindh
Sayyid	Nachkommen des Propheten Muhammad
Schah Abdul Latif	1689–1753; berühmter Sufi-Heiliger und Dichter der Sindhi-Sprache; Grabmal in Bhit Schah im Sindh
Schah Dschamal	1558–1639, auch genannt ‹Baba Schah Dschamal›; Sufi-Heiliger, bekannt für seinen ekstatischen Tanz; Grabmal in Lahore im Pandschab
Schahbas	wörtlich: ‹Königsfalke›
Schamsuddin Tabrisi	gest. 1248; exzentrischer Wanderderwisch und Freund Rumis
Scharif	wörtlich: ‹edel›, ‹vornehm›
Scheich	Titel für eine würdevolle Person mit spiritueller oder auch weltlicher Autorität; besonders religiöser Titel für einen Sufi-Lehrmeister (in etwa synonym mit *piir*)
scher	Tiger, Löwe
Schia, Schiiten	nach den Sunniten zweitgrößte Glaubensgemeinschaft im Islam; beruft sich auf Ali als ersten rechtmäßigen Nachfolger des Propheten; «Zwölfer-Schiiten» (z. B. im Iran) verehren insgesamt zwölf Imame
Schidi	dunkelhäutige Nachfahren ostafrikanischer Einwanderer im Sindh und im angrenzenden Indien

Shiva	facettenreichste Gottheit des hinduistischen Pantheons mit zerstörerischen, aber auch friedvollen Manifestationen; u. a. König des Tanzes, Meister der Yogis und Herr des Rausches
Sia ul-Haq	1924–1988; Pakistans dritter Militärdiktator, ‹der Frömmler› genannt; propagierte eine rigide ideologisierte Form des politischen Islam («Islamismus»)
Sindh	Provinz im Süden Pakistans
Sindhi	indo-arische Sprache des neu-indischen Zweiges
Solangi	ethnische Gruppe; gehört zu den frühesten Bewohnern des Sindh
Soomro	ethnische Gruppe im Sindh; herrschte bis Anfang des 14. Jh.s vor allem in der Umgebung von Thatta im südlichen Sindh
steschn	Bahnhof (Englisch *station*)
Sufi	islamischer Mystiker und Gottsucher, vielfach in Sufiorden organisiert; lebt und vertritt den Sufismus als die religiöse Strömung der Hingabe und Ergriffenheit, deren Gegenstand die spirituellen Dimensionen des Islam sind
Sunna, Sunniten	größte Glaubensgemeinschaft im Islam, beruft sich auf die ersten vier «rechtgeleiteten» Kalifen als legitime Nachfolger des Propheten Muhammad
Tablighi Dschamaat	international aktive, kulturell z. Zt. wohl einflussreichste Reform- und Frömmigkeitsbewegung im Islam; 1927 in Delhi gegründet, der Deobandi-Denkrichtung folgend
tschanna	Kichererbsen
tscharas	Cannabis-Tabak-Gemisch
tscharpoy	Bettgestell mit Flechtbespannung, wörtlich: ‹vier Füße›
tschay	Tee
tschay-wala	Diener, der Tee serviert
tschillam	Tonpfeife, konisch geformte Pfeife zum Haschischrauchen

tschillam-wala	Haschischpfeifen-Verkäufer
Udero Lal	lokale hinduistische Wassergottheit des Indus in der Provinz Sindh
Urdu	neuindische Sprache der Muslime in Südasien
urs	wörtlich: ‹Hochzeit›; in Südasien Bezeichnung für den Todestag eines muslimischen Heiligen, der im Tod die mystische Vereinigung mit dem göttlichen Geliebten erfährt
visaal	mystisch-ekstatische Verschmelzung mit dem Göttlichen
Wahhabi, Wahhabiten	konservativ-puritanische Sekte, deren Ideologie von Saudi-Arabien aus verbreitet wurde; zurückgehend auf Mohammad ibn Abd al-Wahhab (1703–1791)
Yogi	indischer Asket, wörtlich: ‹der sich Anspannende, der den Yoga praktiziert›, d. h. eine spirituelle Disziplin zur Vereinigung mit der Gottheit
Zwölfer-Schiiten	siehe ‹Schiiten›

Gedächtnis der Völker
im Waldgut Verlag

Tibet
Tshangs Dbyangs rgya Mtsho
Liebeslieder
des VI. Dalai Lama
Herausgegeben, übersetzt und
kalligrafiert von Dieter W. Back
ISBN 978-3-03740-058-6

Lappland
Hjalmar Öberg
Vom Verdingbub zum
Wildmarksiedler
Karl Wilhelm Öbergs abenteuer-
licher Weg nach Lappland
Aus dem Schwedischen von
Elsbeth Brandenberger
ISBN 978-3-03740-007-4

Schweiz
Ruth Balmer
Kindsmörderin
Die tiefe Verlassenheit der
Barbara Weber
Mit zwei Bildteilen
ISBN 978-3-03740-345-7

Mongolei
Galsan Tschinag
Das zaubermächtige
Goldplättchen
und andere Märchen aus der
Gegenwart
ISBN 978-3-03740-361-7

Kamtschatka
Katharina Gernet
Mit den Bären im Wald
Das Leben einer Korjakin
aus Mittel-Kamtschatka
im russischen Fernen Osten
Mit zwei Bildteilen
ISBN 978-3-03740-365-5

Mongolei
Amélie Schenk/Galsan Tschinag
Im Land der zornigen Winde
Geschichte und Geschichten
der Tuwa-Nomaden
aus der Mongolei
Mit zwei Bildteilen
ISBN 978-3-03740-245-0

Pakistan
Jürgen Wasim Frembgen
Am Schrein des roten Sufi
Fünf Tage und Nächte auf
Pilgerfahrt in Pakistan
ISBN 978-3-03740-389-1

China
Drachenmädchen und
Schlangenkerle
Märchen und Erzählungen der
Randvölker Chinas
Ausgewählt und übersetzt von
M.-L. und H. Forster-Latsch
ISBN 978-3-03740-032-6